WANN ENTSTEHT DAS RECHT DES STAATES AM ZOLLGUT?

VON

DR. IUR. WERNER ESCHENBACH

LEIPZIG
VERLAG VON VEIT & COMP.
1912

Leipziger juristische Inauguraldissertation.

Druck von Metzger & Wittig in Leipzig

Inhalt.

Erster Abschnitt.

Das Zollrecht des Staates insbesondere sein Recht am Zollgut.

Zweiter Abschnitt.

Die Entstehung des staatlichen Rechts am Zollgut.

Erster Abschnitt.

Das Zollrecht des Staates, insbesondere sein Recht am Zollgut.

§ 1.

Einführung.

I. „Die Steuer ist eine Geldzahlung, die dem Untertanen durch die Finanzgewalt nach einem allgemeinen Maßstab auferlegt ist.“[1] Als solche Geldzahlung bildet die Steuer die wichtigste Staatseinnahme, da sie mit verhältnismäßig geringen Unkosten einen sichereren Vermögensvorteil bringt, als derjenige ist, der dem Staate aus sonstigen öffentlich rechtlichen Verhältnissen, z. B. durch Geldstrafen, Konfiskationen, Entgelten für gewährte Nutzungen, Erstattungsansprüchen usw. erwachsen kann, oder derjenige, den der Staat durch privatwirtschaftliche Tätigkeit erzielt.

Die gebräuchlichste Einteilung der Steuern ist die in direkte und indirekte. Eine direkte Steuer ist eine solche, „die auf Grund eines im Einzelfall bestimmten ausdrücklichen Ausspruchs zur Erhebung gebracht wird“,[2] eine indirekte eine solche, „die unmittelbar auf Grund einer gesetzlichen Bestimmung erhoben wird.“[3]

Es sollte scheinen, als ob für die „auf die Staatseinnahmen gerichtete staatliche Tätigkeit“,[4] die Finanzgewalt, von den Steuern wiederum die direkte Steuer die einzig wünschenswerte sein

---

[1] Otto Mayer, Deutsches Verwaltungsrecht Bd. 1 (in Binding, Handbuch der Deutschen Rechtswissenschaft Bd. 6, 1) S. 386.

[2 u. 3] Otto Mayer, Deutsches Verwaltungsrecht Bd. 1 S. 395.

[4] Ebenda Bd. 1 S. 378.

könnte, denn wenn auch vor ihrer Erhebung ein nicht einfaches Verfahren notwendig wird, „um die Anwendung des steuerauferlegenden Rechtsatzes auf den Einzelfall zu sichern“,[1] so fällt dann wenigstens mit Sicherheit ein schon vorher mit ziemlicher Genauigkeit berechenbarer Reinertrag in die Staatskasse. Anders bei der indirekten Steuer! Hier können einmal die Unkosten, namentlich die der Überwachung, oft derartig hoch sein, daß der Ertrag, der für andere Staatszwecke verwendbar wird, ein nur recht geringer ist. Weiterhin aber kann die Vorausberechnung der Höhe der Einkünfte hier nur eine Wahrscheinlichkeitsrechnung sein, und häufig werden die Ergebnisse die Erwartungen nicht rechtfertigen. So werden vor allen diejenigen indirekten Steuern, die von dem Verbrauche bestimmter Gegenstände abhängen, oft sehr schwanken. Dem Steuerzahler wird auch in sehr vielen Fällen, insbesondere stets dann, wenn die Steuer von dem Verbrauch von Luxusgegenständen erhoben wird, die Möglichkeit offen sein, durch Einschränken oder Aufgeben des Verbrauchs oder durch Verbrauch von unbesteuerten Ersatzmitteln die Einnahme des Staates zu schmälern oder zu nichte zu machen.

II. Trotz alledem ist auch die indirekte Steuer eine wichtige und gute Einnahmequelle für den Staat geworden. Unter den indirekten Steuern nimmt der Zoll die hervorragendste Stellung deswegen ein, weil er in der Jetztzeit nicht nur von Wichtigkeit für die Finanzen ist, sondern vor allem auch, weil er eine ungemein große Bedeutung für das wirtschaftliche Leben der Staaten gewonnen hat. Dieser Einfluß kann sogar derartig groß und wesentlich sein, daß der Staat, wenn er durch die Zollerhebung einem wirtschaftlichen oder politischen Zwecke zu dienen vermag, an dieser selbst dann festhalten wird, wenn der unmittelbar daraus sich ergebende Ertrag im Verhältnis zu den Unkosten nur gering ist. Daß mit der Zollerhebung außer dem Finanzzwecke noch weitere Zwecke verfolgt werden, bedarf der besonderen Betonung um deswillen, weil diese neuen Funktionen des Zolls nicht ohne Rückwirkung auf die Zollgesetzgebung geblieben sind.

Otto Mayer rechnet den Zoll zu den Warenverkehrssteuern,

---

[1] Otto Mayer, Deutsches Verwaltungsrecht Bd. 1 S. 396.

„deren gemeinsames Merkmal, an das die gesetzliche Steuerpflicht sich knüpft, die Bewegung einer Ware über eine örtlich bestimmte Linie hinweg ist".[1] Doch hat der Zoll eine so eigenartige Entwicklung durchgemacht, daß es heute nicht leicht ist, seinen Steuercharakter überhaupt noch zu erkennen. Die neuere Zollgesetzgebung hat nichts dazu beigetragen, hierin klarere Verhältnisse zu schaffen. Eher ist das Gegenteil der Fall. Der Staat hat jetzt, um jeden einzelnen Zollfall erfassen zu können, dem Untertanen beim Überschreiten der Grenze eine Reihe von Hilfspflichten auferlegt, so Gestellungs-, Anzeige- und Meldepflichten, ferner die Pflicht zur Benutzung bestimmter Transportwege oder Lagerplätze, zur Duldung von Durchsuchungen, zur Beibringung von Ausweispapieren usw.

Hierdurch sind einmal, unter der Voraussetzung, daß der Zoll eine Steuer sei, Zweifel über die Person des Zollschuldners entstanden. Ferner aber hat namentlich die Durchführung der Haftung des Zollguts für die Zollschuld dazu geführt, daß eine aus dem Zollrecht des Staates folgende persönliche Verpflichtung überhaupt geleugnet und die Behauptung aufgestellt worden ist, „die Zollpflicht laste nach Art eines dinglichen Rechts auf einer bestimmten Sache".[2]

Obgleich nun bereits eine nicht unbedeutende Literatur über diese Streitfragen vorhanden ist, so hat doch bis jetzt noch keine der widerstreitenden Ansichten so durchschlagende Gründe erbringen können, daß sie als die herrschende anzuerkennen wäre. Diese Darstellung will sich mit der Entstehung des staatlichen Rechts am Zollgut befassen. Um dies tun zu können, macht es sich zuvor notwendig, dessen Art und Inhalt zu erläutern. In der Folge wird daher auf die Streitfrage einzugehen sein, ob das Zollrecht des Staates sich ausschließlich gegen eine Person oder die Zollsache richtet, oder ob es vielleicht zugleich eine persönliche, wie eine dingliche Seite hat, dagegen soll die Frage nach der Person des Zollschuldners als hierbei unwesentlich nicht zum Gegenstande der Erörterung gemacht werden.

---

[1] Otto Mayer, Deutsches Verwaltungsrecht Bd. 1 S. 402.

[2] Zuerst Laband, Deutsches Staatsrecht. 4. Auflage. 1901. Bd. 4 S. 434.

§ 2.

Die geschichtliche Entwicklung des Zolls und die Ausbildung der Haftung der Ware.

I. Für die Entwicklung des Zollwesens ist charakteristisch, daß man erst im Ende des 18. Jahrhunderts begonnen hat, ein einheitliches Zollrechtssystem für ein größeres Landgebiet zu schaffen. Vordem war das Zollrecht den verschiedenartigsten lokalen Interessen angepaßt. Doch lassen sich auch für diese früheren Zeiten gemeinsame Rechtsgedanken erkennen, die für die Zollrechtspflege maßgebend gewesen sind. Eine einheitliche Zollgesetzgebung hat namentlich auch dem römischen Reiche gefehlt, das in der Gesetzgebung sonst so überaus fruchtbar gewesen ist. Auf dem Gebiete des Zollrechts ist es während der Jahrhunderte seines Bestehens weder in Italien noch in seinen Provinzen zu einer Einheit gekommen.[1]

1. Im Römerreiche war der Zoll einzig und allein von finanzieller Bedeutung. Er wurde hier zu den Vectigalien gerechnet, d. h. zu den Einnahmen, die dem Gemeinwesen von Nutznießern und Benutzern städtischen Grund und Bodens und städtischer Anstalten zuflossen.[2] Der Zoll selbst war somit Entgelt[3] für eine sonst nicht gestattete Benutzung des Bodens, einer Anstalt usw. Er war streng lokalisiert an der einzelnen Zollstätte, meist an einem Weg oder Hafen (portarium maritimum et terrestre).[4] Steuerpflichtig war nur die res promercalis im Gegensatz zur res usualis.[5] Die Erhebung des Zolls wurde verpachtet, so daß die Einnahmen daraus erst auf indirektem Wege in die städtische Kasse kamen. Das Geschäft zwischen Pächter und Gemeinde wurde als ein zivilrechtliches Kaufgeschäft, emptio venditio, angesehen.[6] Der Zoll wurde ursprünglich in natura entrichtet. Mit

---

[1] LAMP, Die Person des Zollschuldners S. 486; ROSTOWZEW, Geschichte der Staatspacht S. 390f.

[2] LAMP, Die Person des Zollschuldners S. 486.

[3] MOMMSEN, Römisches Staatsrecht Bd. 2 S. 430f.

[4] KNIEP, Societas Publicanorum S. 3, 5, 21.

[5] L. 7 C. IV, 61 und l. 5 C. IV, 61.

[6] ROSTOWZEW, Geschichte der Staatspacht S. 368.

dem Übergang der Römer zur Geldwirtschaft wurde er zum Wertzoll, der durch ein besonderes Verfahren festgestellt wurde.

2. In der Kaiserzeit wurde der Zoll zu einem Hoheitsrecht des Kaisers.[1] Damit verlor er seinen Charakter als Entgelt und wurde zur staatlichen Steuer. Entsprechend wurde das Verhältnis der Pächter zum Staat zu einem öffentlich-rechtlichen, das nach OTTO MAYER als eine „Konzession im eigentlichen Sinne"[2] zu bezeichnen wäre. Schließlich wurde auch die Zolleinhebung verstaatlicht.[3]

3. Hier interessiert vor allen, daß zugunsten der Zollpächter neben anderen gewohnheitsrechtlich zur Sicherung der Zollforderung entstandenen Maßregeln (so der Deklarationspflicht: professio), wahrscheinlich ebenfalls durch Gewohnheitsrecht sich ein Recht auf Beschlagnahme des Transportgutes, die pignoratio, bildete.[4] Welchen rechtlichen Charakter diese pignoratio trug, wird sich bei dem Mangel genauer Quellen schwerlich mit Sicherheit feststellen lassen. Aller Wahrscheinlichkeit nach handelte es sich um ein vorläufiges Zurückbehaltungsrecht, um die Person des Zollschuldners festzustellen und diesen zur Zahlung zu zwingen.[5] Möglicherweise kann sie dem Pächter ein Pfandrecht oder Verkaufsrecht verschafft haben. Man mag sich nun aber für die eine oder die andere Alternative entscheiden, auf jeden Fall konnte die pignoratio, da zur Zeit ihrer Entstehung kein öffentlich-rechtliches Verhältnis zwischen Pächter und Zollschuldner bestand, nur ein Institut des zivilen Rechts sein, in diesem Falle aber hinwiederum nur ein zu der Forderung des Gläubigers gegen den Zollschuldner hinzutretendes akzessorisches Recht, sei es nun zur unmittelbaren Sicherung dieser Forderung oder um die Person des Zollschuldners feststellen zu können oder um ein Mittel zur Pfandbestellung zu sein. Nachdem die Zolleinhebung verstaatlicht war und der Zoll den Charakter einer Steuer angenommen hatte, wurde als notwendige Folge hiervon die am gesamten Vermögen des Steuer-

---

[1] L. 10 pr. DIG. 39, 4 und MOMMSEN, a. a. O. Bd. 2 S. 975.

[2] OTTO MAYER, Deutsches Verwaltungsrecht Bd. 2 S. 147, 294f.

[3] ROSTOWZEW, Geschichte der Staatspacht S. 381f., 500.

[4] DIG. 39, 4: De publicanis et vectigalibus et cammis, insbesondere l. 16, 10 DIG. 39, 4; l. 2, 10 DIG. 39, 4.

[5] LAMP, Die Person des Zollschuldners S. 483.

schuldners zugunsten des Fiskus bestehende Generalhypothek auch auf das Vermögen des Zollschuldners erstreckt,[1] während bisher eine solche nur an dem Vermögen der Publikanen bestanden hatte.[2]

II. Auf die Streitfrage, ob das alte deutsche Reich das römische Zollrecht übernommen und nur weitergebildet oder ob es selbständig auf deutschrechtlicher Grundlage ein Zollrecht geschaffen hat, kann hier nicht näher eingegangen werden. Tatsache ist aber, daß sich im germanischen Zollrecht Auffassungen finden, die im römischen bereits zu derselben Zeit überwunden sind. Ferner ist auffällig, daß selbst dann, als das deutsche Recht ausschließlich in Geltung gewesen ist, es bedeutende Unterschiede vom römischen Systeme aufzuweisen gehabt hat.

Noch weniger als im römischen, konnte im alten deutschen Reiche von einer Einheit des Zollrechts die Rede sein. Dem Namen nach stand zwar der Zoll den deutschen Königen als eines ihrer Hoheitsrechte zu,[3] doch wurde dieses Recht auf den Zoll mit der zunehmenden Dezentralisierung des Reichs immer mehr zu einer leeren Oberhoheit. Die Ausübungsbefugnis ging vielmehr durch Schenkung, Verpfändung, Verleihung und Anmaßung auf die einzelnen Länder, Landesteile und Städte über. Dazu kamen noch zahlreiche Zollbefreiungen zugunsten bestimmter Personen und Personenkreise.[4] Schließlich artete wohl auch die Erhebung der Zölle in völlige Willkür aus. Sie wurden eingezogen von dem, der die Macht hatte, sei es Territorium, Stadt oder Feudalherr, ohne daß dabei noch die Erfüllung eines öffentlichen Zwecks in Frage gekommen wäre,[5] bis eine starke Gesetzgebung der zur Macht gelangten Territorien hierin Wandel schaffte.

1. Bei der herrschenden Abneigung der Germanen gegen alles, was „Steuer" war es auch nicht möglich, den Zoll auf dieser Grund-

---

[1] L. 1 C. X, 21: De capiendis et distrahendis pignoribus tributorum causa, ferner Lamp, a. a. O. S. 485.

[2] L. 3 C. VII, 73.

[3] Sachsenspiegel III, 60, § 2; Brunner, Deutsche Rechtsgeschichte Bd. 2 S. 238.

[4] Hoffmann, Deutsches Zollrecht Bd. 1 S. 10f.; Brunner, a. a. O. S. 238.

[5] Hausbrand, Zur Revision des VZG. ZZollwRSt. Bd. 7 S. 196.

lage zu erheben. Er erhielt infolgedessen den Charakter einer Gebühr oder eines Entgelts für die Inanspruchnahme einer öffentlichen Einrichtung oder Leistung beim Warentransport und behielt ihn das ganze Mittelalter hindurch.[1] Demgemäß konnte der Zoll aber nur ein Passierzoll sein, der nur beim Passieren der Handelsstraße, an der die Zollstätte lag, zu entrichten war.[2] Dabei wurde geschieden zwischen Handelsgut und dem zum persönlichen Gebrauche bestimmten Gut. Nur jenes war zollpflichtig.[3] Die Bemessung des Zolls geschah nach der Größe der Inanspruchnahme der Straße, Verkehrsanstalt, des Grundes und Geleites. Einen rohen Maßstab hierzu gaben Art, Größe und Zahl der Transportmittel.[4] Die Entrichtung geschah bis zum Übergang zur Geldwirtschaft in natura.[5] Das Zollschuldverhältnis selbst aber konnte bei dem Mangel einer starken öffentlichen Gewalt nur ein solches des alten germanischen bürgerlichen Schuldrechts sein.

2. In dieser Zeit konnte eine Haftung der Zollsache für den Zoll sich nur nach den strengen Regeln des alten deutschen Schuldrechts ergeben. Gerade in diesem Punkte aber zeigt sich die Verschiedenheit des germanischen von dem römischen Recht. Dieses ließ zur Sicherung des Anspruchs des Zollberechtigten zu dessen Forderung ein zweites akzessorisches Recht hinzutreten. Ein derartiges Verhältnis vertrug sich nicht mit den germanischen Rechtsanschauungen. Hier trat die Sachhaftung bei jedem Schuldverhältnis derartig in den Vordergrund, daß ein solches überhaupt nur durch sofortige Sachleistung und Sachverpfändung („Satzung") zustande kommen konnte. Persönliche Schuld und Sachhaftung waren zu einem einzigen untrennbaren Rechtsverhältnis verbunden, so untrennbar, daß über die Haftung der Ware hinaus

---

[1] Glosse zum Sachsenspiegel, Landrecht II, 27; Hoffmann, Deutsches Zollrecht Bd. 1 S. 2.

[2] Georg Meyer, Deutsches Verwaltungsrecht Bd. 2 S. 204, Hoffmann, Deutsches Zollrecht Bd. 1 S. 3f., 10f., 14f., 30f.

[3] Schröder, Deutsche Rechtsgeschichte S. 200; Lamp, Die Person des Zollschuldners S. 497; Hoffmann, Deutsches Zollrecht Bd. 1 S. 10; Eichhorn, Deutsche Staats- und Rechtsgeschichte, 1. Teil, S. 732.

[4] Hoffmann, Deutsches Zollrecht Bd. 1 S. 50f.

[5] Hoffmann, a. a. O. Bd. 1 S. 13.

auch keine persönliche Schuld mehr bestehen konnte.[1] Die Satzung war bedingte Zahlung, der Verfall des Pfandes ersetzte die dem Schuldner obliegende Leistung.[2] Der Gläubiger konnte auch nicht auf Bezahlung der Schuld klagen, sondern hatte ohne Klage das Gut dem Schuldner zur Einlösung anzubieten und, wenn dies erfolglos blieb, ein Verfahren zu veranlassen, das ihm schließlich das Eigentum an der Sache verschaffte.[3] Der Betonung der sofortigen Sachhaftung entsprechend spielte die Selbsthilfe, das „Pfänden", d. i. das eigenmächtige Pfandnehmen der geschuldeten Sache, eine große Rolle.[4] Zwar suchten die deutschen Könige diese Eigenmacht einzuschränken. Schon Karl d. Gr. verbot sie in der capitulatio de partibus Saxoniae c. 25, doch gelang es nicht, dies althergebrachte Recht des Gläubigers zu unterdrücken. Das Pfänden erhielt sich namentlich für drei Schuldarten: a) für die kundlichen, unlogenbaren Schulden, b) für den Fall der Not als Notpfändung, c) für die Schuld, die daraus entstand, daß jemand fremden Grundbesitz betreten oder einen fremden Weg unbefugt benützt hatte. Mit allen diesen Fällen steht die Zollpfändung in einem engen innerlichen Zusammenhang, wie Karl Lamp überzeugend nachgewiesen hat.[5] Infolgedessen ist anzunehmen, daß auch die mittelalterliche Zollpfändung sich in diesen privatrechtlichen Formen vollzogen hat, wennschon derselben in den Darstellungen des Selbstpfändungsrechts nicht gedacht ist. Da sie aber als ein rein privatrechtliches Institut anzusprechen ist, ist sie möglicherweise ohne jeden Einfluß auf die spätere Ausbildung der Haftung der Ware, wie sie nach der Verstaatlichung des Zollwesens und dem Tätigwerden einer Staatsgewalt geschah, gewesen.

3. In der Folgezeit erwarben sich die mittelalterlichen Stadtgemeinden das Hauptverdienst um die Weiterentwicklung des

---

[1] v. Amira, Nordgermanisches Obligationsrecht Bd. 1 S. 193ff., Bd. 2 S. 223ff.

[2] Schröder, Deutsche Rechtsgeschichte S. 302.

[3] Stobbe, Deutsches Privatrecht Bd. II., 3 S. 306; Schröder, a. a. O. S. 390.

[4] Sachsenspiegel III, 20, § 2; II, 27, § 4; II, 28 § 2; I, 54 § 4; II, 47, §§ 1—4; I, 70, § 2.

[5] Lamp, Die Person des Zollschuldners S. 503f.

Zollrechts. Hier vollzog sich zuerst der Übergang zur Geldwirtschaft. Als Folge hiervon ist die Einführung von Wertzöllen anzusehen, die überhaupt erst eine gerechtere Belastung der Ware durchführen läßt. Ferner wurde das Verfallpfand des Zöllners durch ein Verkaufspfand ersetzt.[1] Nächst dieser Einführung der Geldwirtschaft wurde von größter Bedeutung, daß man begann, den Zoll mit den städtischen (indirekten) Verbrauchssteuern auf Nahrungs- und Genußmittel, die die verschiedensten Bezeichnungen, am häufigsten wohl die als Ungelt, Zise, Akzise führten, begrifflich zu verbinden.[2] Hierdurch kam es, daß nun auch im Deutschen Reich der Zoll als Steuer betrachtet zu werden begann. Jedoch kam später die Eigenart des Zolls wieder zur Geltung, daß die Gefahr, der Zoll könne zur indirekten Verbrauchssteuer geworden seines wirtschaftspolitischen und fiskalischen Wertes verlustig gehen, glücklich vermieden wurde. Zu der Ausbildung einer eigenartigen Haftung der Ware für den Zoll kam es in dieser Zeit jedoch nicht.

III. Das Verdienst, das Zollrecht weitergebildet und auf neue Bahnen gewiesen zu haben, kommt, nachdem alle Versuche, eine reichsrechtliche Regelung desselben herbeizuführen, gescheitert waren, den deutschen Territorien zu. Zu einer Neuordnung des Zollrechtes kam es aus wirtschaftlichen und politischen Rücksichten. Das Staatsgebiet, oder wenigstens ein größerer Teil dieses Gebietes wurde als geschlossenes Wirtschaftsgebiet betrachtet. Infolge hiervon machte sich eine Regelung der Warenbewegung nach und aus diesem Gebiet nötig. Dabei erkannte man, daß der Zoll ein treffliches Mittel war, um diese zu erzielen. Mit seinem neuen Zweck mußte er jedoch notwendig auch seinen bisherigen Charakter ändern. Der Zoll wurde aus dem Passierzoll zum Gebietszoll, das Passieren einer Zollstätte war nun rechtlich nicht mehr der Grund der Entstehung, sondern kam nur noch, wie im zweiten Teil dieser Darstellung zu zeigen sein wird, für den Zeitpunkt der Entstehung des Zollrechtes in Frage.[3] Ferner

[1] Lamp, a. a. O. S. 508.

[2] Georg Meyer, Deutsches Verwaltungsrecht S. 211; Hoffmann, Deutsches Zollrecht Bd. 1 S. 22f.

[3] Hoffmann, Deutsches Zollrecht Bd. 1 S. 21.

mußte auf das Zollrecht neugestaltend einwirken, daß der Staat, sobald er seine Aufgabe, höhere Gemeinzwecke zu befriedigen, erkannt hatte und dieser gerecht werden wollte, sich nicht mehr damit begnügen konnte, auf dem Boden des zivilen Rechts mit seinen Untertanen zu kontrahieren, sobald ein öffentlicher Zweck in Frage kam. Er trat vielmehr von nun ab den Untertanen als ungleiches mächtigeres Rechtssubjekt gegenüber und regelte die Rechtsverhältnisse so, wie es nötig war, um seine Aufgabe am besten zu erfüllen. So verlor denn auch das Zollrecht jeden zivilrechtlichen Charakter und wurde zu öffentlichem Rechte. Infolge hiervon änderte sich einmal die juristische Natur des staatlichen Zollrechts.[1] Sobald aber der zivilrechtliche persönliche Anspruch des Zollberechtigten gegenüber dem Zollschuldner fiel, mußte auch der dingliche Anspruch jenes verloren gehen. Einer Haftung der Zollsache für den Zoll konnte jedoch der Staat nicht entbehren. Mit der Neuregelung des Zollwesens machte sich daher auch eine Regelung dieser Haftung nötig.

1. Anfänge hierzu finden sich in den Gesetzgebungen mehrerer Staaten. So bestimmt die Kurbayrische Mauth- und Accisordnung vom 29. November 1764 (vergl. Anlage E § 33), „daß solange die Konsumaccise[2] nicht entrichtet ist, das Gut weder ausgefolgt, noch von seiten des Eigentümers zu Handen genommen werden darf“. Ferner bestimmt ein sächsisches Mandat, betreffend die Erhebung der Grenzaccise von ausländischen Waren vom 23. März 1822[3] in seinem § 10, Abs. 2, „daß die Ware selbst für die Abgabe haftet“. Das Gleiche ist im § 9 des Mandates für die Oberlausitz von 1822 ausgesprochen.[4] Dieser § 9 hat eine wichtige Ergänzung durch das General-Reskript, betreffend die Zollregie in der Oberlausitz vom 9. Juli 1822 erhalten,[5] die den Grundsatz der Haftung

---

[1] Vergl. §§ 3 und 4 der Darstellung.

[2] Anmerkung: Unter Konsumoaccise verstand das Gesetz diejenige Abgabe, die dafür erhoben wird, daß die Ware ins Inland zum Verbrauch eingeführt wird. Dagegen würde die Essitoaccise für die Ausfuhr erhoben, da damit die Ware dem inländischen Verkehr entzogen wurde.

[3] Gesetzessammlung für das Königreich Sachsen S. 231 ff.

[4] Sächs. Gesetzessammlung 1822 S. 260 ff.

[5] Sächs. Gesetzessammlung 1823 S. 153 ff.

der Ware noch verschärft. Zum § 9 ist dort unter b) bemerkt: „Der Einnehmer darf den Zoll keineswegs ... gestunden, sondern, wenn selbiger nicht sofort bezahlt wird, so ist von der Ware soviel, als zur Bezahlung des Zolls nötig sein dürfte, anzuhalten, in sichere Verwahrung zu bringen und dem Eigentümer eine Zeit von höchstens drei Tagen zu bestimmen, binnen deren er solche zur Erlangung des einzulösen hat. Erfolgt solches dann nicht, so ist die Ware in der nächsten accisbaren Stadt zur öffentlichen Versteigerung zu bringen."

2. Der weitere Ausbau der Zollgesetzgebung geschah dadurch, daß im Anfang des 19. Jahrhunderts ein besonderes Flußzollrecht für die sogenannten konventionellen (Gegensatz: territoriale) Ströme geschaffen wurde. Konventionelle Ströme waren alle diejenigen, die in ihrem schiffbaren Laufe mehrere Staaten trennten oder durchströmten. Da der Verkehr auf ihnen von den oft zahlreichen Uferstaaten derart mit allen möglichen Abgaben belastet war, daß aller Handel zu stocken drohte, war eine Neuregelung der Verhältnisse ein unbedingtes Bedürfnis. In der hier einsetzenden Gesetzgebung wurde auch zum Grundsatz, daß auf einem konventionellen Fluß eingebrachte Waren solange in staatlichen Gewahrsam genommen werden dürften, bis der Eingangszoll bezahlt oder die Ware wieder ausgeführt wurde. Dazu traten noch strengere Überwachungsmaßregeln.[1]

3. Ebenfalls im Anfang des 19. Jahrhunderts, ungefähr zu derselben Zeit, in der das Zollwesen auf den deutschen Flüssen neu geregelt wurde, erfuhr das Zollrecht der deutschen Staaten eine ungemein wichtige Förderung. Es kam zum systematischen Ausbau eines Grenzzollsystems und der wirtschaftlichen Vereinigung mehrerer selbständiger deutscher Staaten durch die Annahme eines gemeinschaftlichen Grenzzollsystems. Jetzt begann auch in denjenigen Staaten, in deren Zollgesetzgebung die

[1] Man vergleiche hierzu Art. 39 der Rheinschiffahrtskonvention vom 31. März 1831 („Übereinkunft unter den Uferstaaten des Rheines und auf die Schiffahrt dieses Flusses sich beziehende Ordnung") und Art. 9 der Revidierten Rheinschiffahrtsakte vom 17. Oktober 1868, ferner Ziff. 1 des Preuß. Reskripts vom 1. Oktober 1825 zu den Elbschiffahrtsakten vom 23. Juni (bez. 20. November) 1821.

Haftung der Zollware für die Abgabe noch nicht oder ungenügend geregelt war, diese eine Erwähnung zu finden. So wurde in Württemberg, das im Jahre 1808 zum Grenzzollsystem übergegangen war, in einem Zollgesetz vom 18. Juli 1824[1] in dessen § 26 zum ersten Male ausgesprochen, „daß die Zollabgabe auf der Ware selbst hafte", und in dessen § 16, „daß, wenn der Zollpflichtige nicht imstande sei, die Zahlung zu leisten, eine angemessene Quantität Waren in Beschlag zu nehmen sei, welche, wenn die Lösung des Zolls in den nächsten vier Wochen nicht erfolge, nach Ablauf derselben öffentlich verkauft und sofort von dem Erlös der Zoll bezogen, der Überrest aber dem Eigentümer zugestellt werde". Am 18. Januar 1828 wurde zwischen Bayern und Württemberg der „Vertrag über die gegenseitigen Zollverhältnisse zwischen den Königreichen Bayern und Württemberg geschlossen.[2] Dieser folgt dem Bayrischen Zollgesetz vom 22. Juli 1819 und enthält im § 15 den Satz, daß die Ware selbst für die Zollabgabe hafte.[3]

4. Den Vorläufer für die Gesetzgebung des deutschen Zollvereins und folglich der des geltenden Reichszollrechts bildet die des Königreichs Preußen. Sie begann in dem ersten Viertel des 19. Jahrhunderts, hat aber, was die Haftung des Zollguts anbelangt, nichts wesentlich Neues gebracht. Anzuführen ist in erster Linie der § 70, Satz 2 der Zoll- und Verbrauchssteuerordnung vom 26. Mai 1818,[4] der besagt, daß, solange die Abgaben noch nicht völlig gezahlt seien oder die Ausfuhr in den dazu geeigneten Fällen nachgewiesen worden sei, die Ware den Staatskassen hafte. Ferner wird im § 44 derselben ZollO. der Haftung der in einem Packhoflager befindlichen Ware ausdrücklich Erwähnung getan.[5]

IV. Hiermit sind alle Quellen angeführt, aus denen die nunmehr einsetzende Gesetzgebung des deutschen Zollvereins, die schließlich zu dem jetzt geltenden Vereinszollgesetz vom 1. Juli

[1] Württemb. Regierungsblatt S. 427ff.
[2] Bayr. Regierungsblatt 1828, S. 49ff.
[3] Vergl. ferner §§ 66, 84 Abs. 1 mit 79 Abs. 1 des Vertrags.
[4] Sächs. Gesetzessammlung 1818 S. 102ff.
[5] Definition der Packhöfe s. § 34 Preuß. ZollO. von 1818.

1869 geführt hat,[1] schöpfen konnte. Was lehren sie für die Haftung der Zollware für die Abgabe?

Das römische, wie das germanische Zollrecht regelten die Zollrechtsverhältnisse nach dem Vorbilde des Zivilrechts. Um eine Haftung des Zollguts durchzuführen, ließ jenes zu dem persönlichen Anspruch des Zollberechtigten ein gesetzliches Sicherungsrecht, das man als Pfandrecht oder Zurückbehaltungsrecht betrachten kann, hinzutreten. Im germanischen Recht schloß das Zollrechtsverhältnis als Schuldverhältnis bereits einen dinglichen Anspruch in sich. Eine weitere Entwicklung des Zollrechts auf einer dieser Grundlagen war jedoch nicht möglich, da mit dem Augenblicke, in dem der Staat als Zollberechtigter mit dem Zollschuldner nur noch auf dem Wege öffentlichen Rechtes verkehrte, sich auch die Natur des staatlichen Rechts am Zollgut ändern mußte. Die nun folgende Gesetzgebung hat aber wenig geleistet, um auf diesem Gebiete klare Verhältnisse zu schaffen. In der oben angeführten Bestimmung der Kurbayrischen Accisordnung von 1764 scheint das Recht des Staates am Zollgut als ein öffentlichrechtliches Zurückbehaltungsrecht aufgefaßt zu sein. Doch wird dieser Eindruck durch die nächsten Zollgesetze verwischt, die teils besondere Eigentumsrechte hinzufügen, teils die Befriedigung für die Zollschuld aus der Ware durch Verkauf gestatten, teils aber wiederum dieses Verkaufsrecht unerwähnt lassen. Infolgedessen konnte die Vereinszollgesetzgebung durch die ihr vorausgehenden Gesetze wenig Förderung erfahren. Daß sie aber einer Haftung der Ware nicht entbehren konnte und in welcher Weise diese auszubauen war, werden die folgenden Ausführungen zu zeigen suchen.

§ 3.

Die für die heutige Zollgesetzgebung leitenden Gedanken.

I. In die Zollgesetzgebung haben in der Neuzeit früher unbekannte Gedanken Einlaß gefunden. Ursprünglich wurde der Zoll nur um der Finanzen willen erhoben. Jetzt werden mit seiner Erhebung auch wirtschaftspolitische Zwecke verfolgt. Diese weitere

---

[1] Im BGBl. 1869 S. 317ff.

Bestimmung hat auf die Gesetzgebung mit Notwendigkeit mannigfaltig neugestaltend eingewirkt. Es ist unrichtig, jetzt noch behaupten zu wollen, der Zoll sei einzig und allein um des Geldes willen da, das aus seiner Erhebung an den Staat abgeführt wird.[1] Denkbar sind solche Fälle allerdings noch, doch sind sie selten. So wird namentlich dann der Zoll einzig und allein den Finanzen dienen, wenn er auf einen Gegenstand gelegt wird, dessen Produktion im Inland überhaupt nicht stattfindet. Dann ist er noch reiner Finanzzoll. Eine Wirkung auf die Volkswirtschaft tritt dann in den Hintergrund. Er ist nur noch dazu da, um die Staatskasse zu füllen.[2] Es wird auch zuzugeben sein, daß der Zoll als Finanzzoll seine Existenzberechtigung hat; denn er dient dazu, das Steuersystem wirksam zu ergänzen. Da er fast ausschließlich auf Gegenstände gelegt wird, die im Inland ihrem Verbrauche entgegen gehen, so werden durch ihn einmal die höheren Klassen betroffen, deren direkte Besteuerung wegen der Schwierigkeit der Feststellung der Verhältnisse nicht ausreichend sein kann, weiter aber auch die niederen Klassen, deren Einkommen zu gering ist, als daß es zur direkten Besteuerung herangezogen werden könnte, das aber zusammengerechnet so viel ausmacht, daß es einen bedeutenden Teil des Nationaleinkommens bildet, der nicht unbesteuert belassen werden darf.[3] Trotz dieser Existenzberechtigung aus seinem Finanzzweck erhält der Zoll eine weit wichtigere aus den mit ihm verknüpften wirtschaftlichen und politischen Ideen heraus. Der Staat begann, seine politische Macht für wirtschaftliche Zwecke einzusetzen. Die Folge hiervon war eine enge Verbindung von Staat und Volkswirtschaft, beide erstarkten aneinander.[4] Als Mittel hierzu wurde der Zoll verwandt, der so zum Schutzzoll wurde.

II. Der Gedanke, den Zoll zum Schutze inländischer Produktion zu verwenden, stammt nicht aus Deutschland, vielmehr ist hierin Frankreich vorbildlich geworden. Dort wurde zuerst durch den Finanzminister Colbert in den Jahren 1664 und 1667

---

[1] So Zschucke, Zollschuld und Warenhaftung S. 29.

[2] Conrad, Grundriß der politischen Ökonomie. 2. Teil, S. 370.

[3] Adolf Wagner, Finanzwissenschaft. 2. Teil, S. 511.

[4] Schmoller, Volkswirtschaftslehre. 2. Teil, S. 601 (1059).

in Verfolgung der neu aufgekommenen Ideen des Merkantilismus ein geschlossenes Gebietszollsystem zum Schutze der einheimischen Industrie geschaffen, das allerdings nur für die etwa die Hälfte des Königreichs umfassenden Provinces des cinq grosses fermes durchgeführt werden konnte.[1] Noch in der zweiten Hälfte des 17. Jahrhunderts griff England auf Drängen der Interessenten denselben Gedanken auf. In Deutschland begann die Reform des Zollwesens in diesem Sinne zuerst in Preußen, und zwar unter dem Großen Kurfürst, wurde fortgesetzt unter Friedrich Wilhelm I. und vollendet unter Friedrich dem Großen (1740—1786). Bis 1800 sind dann sämtliche deutsche Staaten zum Schutzzollsystem übergegangen, schon aus der Notwendigkeit heraus, um der Ausbeutung durch die merkantilistischen Staaten zu entgehen.[2] Ferner diente der Schutzzoll nirgendswo anders als in Deutschland in größerem Maße dazu, politische Ziele zu fördern. So gelang es Preußen durch seine schutzzöllnerische Wirtschaftspolitik im 19. Jahrhundert erst Norddeutschland und schließlich das gesamte Deutsche Reich zu einen, so daß es im Jahre 1871 nur noch die äußeren Formen für ein Reich zu finden galt, das bereits wirtschaftlich geeint bestand.[3]

III. Während früher nur einseitiger Industrieschutz angestrebt wurde, sucht man heute in Deutschland alle Produktionszweige mittels des Zolls zu schützen (sogenanntes Solidarschutzsystem), d. h. Industrie und Landwirtschaft sollen den gleichen Schutz erfahren und es soll dabei auf Schiffahrt und Handel die nötige Rücksicht genommen werden. Die Inlandsproduktion kann nun auf doppelte Weise durch den Zoll gehoben werden. Es kann entweder eine die Produktion fördernde künstliche Steigerung der Inlandspreise dadurch herbeigeführt werden, daß auf die Einfuhr ausländischer Produkte ein Zoll gelegt wird, oder aber eine ebensolche künstliche Ermäßigung derselben durch Belastung der Ausfuhr inländischer Erzeugnisse mit einem Zoll. Durchfuhrzölle

---

[1] Artikel „Schutzsystem" von LEXIS im Handwörterbuch für Staatswissenschaften, Bd. 7 S. 369.

[2] SCHMOLLER, Volkswirtschaftslehre. 2. Teil, S. 600 (1058).

[3] v. SYBEL, Die Begründung des Deutschen Reichs Bd. 2 S. 115; Bd. 3 S. 285f., 301; Bd. 5 S. 267; Bd. 6 S. 167; 200f.; Bd. 7 S. 13f.

dienen nicht dem Schutzzweck. Sie sind bloße Wegeabgaben und ihre Erhebung im Deutschen Reiche ist daher auch durch § 6 VZG. ausgeschlossen worden. Auch Ausfuhrzölle finden sich jetzt nur noch als Finanz- oder Kampfzölle.[1] In der deutschen Vereinszollgesetzgebung ist ihre Errichtung zwar noch anerkannt (§ 5 VZG.), doch nicht praktisch geworden. Infolgedessen muß diese Gesetzgebung ihre Aufmerksamkeit hauptsächlich der Regelung der Einfuhrzölle zuwenden. In Verfolgung des Schutzprinzips ist daher ihre Aufgabe, die einheimische Produktion vor einer Auslandsproduktion, die imstande ist, mit geringeren Unkosten gleiche Güter hervorzubringen und auf den Inlandsmarkt zu bringen, zu schützen. Um dieses Ziel zu erreichen, muß dem Staat ein Zollanspruch gegeben werden, der sich in gleicher Weise gegen die Person des Zollschuldners, wie gegen die Zollsache richtet, um auf jeden Fall Deckung des Zolls zu erlangen. Trägt ein Einführender den Zoll, so erhöhen sich dessen Unkosten um diesen. Ist der Zoll genügend hoch, so wird die Inlandsproduktion trotz höherer Produktionskosten ausdauern können, vielleicht sogar noch höhere Preise erzielen. Findet sich niemand, der bereit ist, den Zoll zu entrichten, so muß dem Staate ein unmittelbares Recht an der Zollsache selbst gegeben sein, denn der Staat darf nicht zulassen, daß irgend eine Auslandsware, deren Wert sich nicht um den Zoll vergrößert hat, in das Inland gelangt. Ja, man kann sogar soweit gehen, zu behaupten, daß das Recht des Staates am Zollgut das wichtigere und primäre sein sollte, da es allein schon genügt, um jeden Schutz zu gewährleisten.

IV. Die Vereinszollgesetzgebung ist dieser Aufgabe nicht in vollem Umfange gerecht geworden. Man braucht nur an die Bestimmung der §§ 104 und 157 VZG. zu denken, durch die gestattet wird, Güter, deren Eigentümer und Disponent unbekannt ist, unter gewissen Voraussetzungen zu verkaufen. Da praktisch solche Fälle nur selten sind, so kann allerdings ein großer Schaden für die Inlandsproduktion dadurch nicht entstehen. Eine kleine Gewähr gegen allzu billige Verschleuderung derartiger Waren bietet auch

---

[1] Der letzte Ausfuhrzoll ist 1902 von Chamberlein in England auf Kohlen gelegt worden. Vergl. Conrad, Grundriß der politischen Ökonomie II. S. 390.

der Bundesratsbeschluß vom 5. Juli 1882 des Inhalts, „daß der Zuschlag bei der öffentlichen Auktion in der Regel zu versagen ist, wenn das Meistgebot nach Abzug der Kosten hinter dem Betrage des Eingangszolls zurückbleibt, und daß Ausnahmen hiervon der Direktivbehörde nur zugestanden werden können, wenn der Ausfall 10 Prozent nicht übersteigt."[1] Das gesamte Verkaufsrecht ist jedoch dem Staat hauptsächlich aus fiskalischen Rücksichten auf Kosten des Schutzprinzipes gegeben. Die nach § 40 NiederlRegl. für die nach den oben angeführten Bestimmungen unverkäuflichen Waren angeordnete Vernichtung sollte, wenn ein Zollschuldner unbekannt ist, die allgemeine Regel bilden, obgleich auch sie als ein Übel anzusprechen ist, da durch sie wirtschaftliche Werte für die Volkswirtschaft verloren gehen. Doch dürfte sie gegenüber der Verletzung des Schutzzollprinzipes das kleinere Übel sein, und nirgendswo, als im Zollwesen, ist im höheren Grade die Mahnung Adolf Wagners zu beherzigen, in Steuersachen nicht zu fiskalisch zu sein.[2]

§ 4.

Das Zollrecht des Staates.

I. Das jetzt geltende Vereinszollgesetz ist noch weit davon entfernt, zu gunsten des Schutzprinzipes den Finanzzweck des Zolls in gebührender Weise zurückzustellen. So kommt es, daß es noch nicht alle sich aus jenem Prinzipe ergebenden Folgen zieht. Dadurch leidet aber wiederum die Klarheit des Gesetzes. Vor allen ist aber in ihm die so wichtige Frage nicht scharf entschieden, gegen wen der Zollanspruch des Staates sich richtet, ob gegen eine Person oder die Zollsache oder gegen beide. Infolgedessen ist hierüber, wie über die juristische Natur und den Umfang des staatlichen Zollrechts ein lebhafter Streit entstanden. Es sind hauptsächlich drei verschiedene Theorien, die einander gegenüberstehen, und man kann nicht sagen, daß eine ihrer Meinungen sich als die herrschende behauptet hätte. Auf die Würdigung der

---

[1] RZBl. 1882 S. 341 und Nr. 22 der Anweisung zur Ausführung des VZG. vom 5. Juli 1888 (RZBl. 1888 S. 493).

[2] Finanzwissenschaft. 2. Teil, S. 451.

Ansicht jedes einzelnen Vertreters kann im Rahmen dieser Arbeit nicht eingegangen werden. Vielmehr wird nur die Ausführung je eines der bedeutendsten Vertreter hervorzuheben sein.

1. Die erste Gruppe baut weiter auf den althergebrachten Grundsätzen des Zollrechts. Sie hält daran fest, daß die Zollpflicht eine persönliche, steuerartige Geldzahlungspflicht ist, und zwar wird dies von ihren Vertretern teils aus der Art des Wirkens und Auftretens der Finanzgewalt des Staates im allgemeinen gefolgert, teils möglichst genau historisch belegt. Sie zählt die meisten Anhänger. Hier sollen nur die Ausführungen von Otto Mayer Platz finden.[1] Nach diesen „sind die Zölle Warenverkehrssteuern, bei denen die Person des Schuldners ganz aus den Augen verloren wird und der Typus der indirekten Steuer am reinsten erscheint. Die Warenverkehrssteuern haben als Steuergegenstand, als Merkmal, an das die gesetzliche Steuerpflicht sich knüpft, die Bewegung einer Ware über eine örtlich begrenzte Linie hinweg, über die Grenze des Staates, der Gemeinde, über den abgeschlossenen Raum einer Niederlage. Jenseits der Linie liegt wieder die steuerfreie Bewegung, der freie Verkehr. Steuerpflichtig wird derjenige, der die Ware diese Bewegung machen läßt, sie also in den freien Verkehr bringt. Die Steuer erhält aber ihre Eigentümlichkeit durch die Sicherheitsmaßregeln, die mit dieser Erhebung verbunden sind. . . . Die Gewaltausübung ist die wichtigste Gewähr für den Eingang der Steuer. Die Steuerverwaltung hält sich an die Ware, die persönliche Steuerpflicht, zu deren Sicherung die Zurückhaltung doch nur dient, kommt für die Abwicklung des Geschäfts nicht mehr in Frage. Erst wenn etwas nicht in Ordnung geht, zeigt sich, daß auch diese Warenverkehrssteuer mit Zurückbehaltungsrecht einen ganz bestimmten Schuldner hat. Jetzt wird festgestellt: Wer ist es, für den die Steuerpflicht begründet worden ist, und an diese Personen allein kann man sich halten."

Im Wesentlichen den gleichen Gedanken haben vertreten Georg Meyer (Deutsches Verwaltungsrecht, Bd. 1 S. 455f.; Bd. 2 S. 198f., 331f.), Lehr (im Handwörterbuch für Staatswissen-

[1] Deutsches Verwaltungsrecht Bd. 1 S. 386ff., insbes. S. 402—405.

schaften, Bd. 6 S. 894), von Heckel (im Handwörterbuch für Staatswissenschaften, Bd. 7 S. 976), Hoffmann (ZZollwRSt. 1901 Bd. 1 S. 67ff., insbes. S. 69), Havenstein (Zollgesetzgebung, Anm. zu § 13), Löbe (Deutsches Zollstrafrecht, S. 72f.), Lamp (die Person des Zollschuldners, S. 531), Greiner (ZZollwRSt. 1902 Bd. 2 S. 235ff. und 1907 Bd. 7 S. 86ff.).

2. Im Gegensatz hierzu ist in der Literatur zuerst von Laband,[1] wohl namentlich im Hinblick darauf, daß die Haftung der Ware die wichtigste Seite des staatlichen Zollrechts bilden muß, die Ansicht vertreten worden, das Zollrecht des Staates sei dinglicher Natur. Laband führt aus: „Die Verpflichtung zur Entrichtung des Zolls ist ihrem juristischen Wesen nach keine obligatio ex lege, sondern eine auf dem zollpflichtigen Gegenstande ruhende Belastung. Der Staat gestattet nicht, daß die Ware in dem Inland in den freien Verkehr tritt, wenn ihm nicht der Zoll dafür entrichtet wird. Die Bezahlung des Zolls ist die Bedingung, unter welcher der Staat den Verkehr mit der Ware gestattet, und eine Verpflichtung besteht daher nur in dem Sinne, daß jemand, der eine Ware in den freien Verkehr bringen will, diese Bedingung vorher erfüllen muß. Die Zollpflicht lastet daher nicht nach Art einer Obligation auf einem bestimmten Schuldner, sondern nach Art eines dinglichen Rechts auf einer bestimmten Ware. Dieses dingliche Recht äußert sich zunächst darin, daß die Zollbehörde die Ware unter Verschluß und unter Kontrolle nimmt und jede Verfügung, durch die die Ware in den Inlandsverkehr gebracht werden könnte, verhindert. Die Zollpflichtigkeit der Ware begründet für die Zollverwaltung das Recht zur Retention der Sache und zur Beschlagnahme. Durch Bezahlung des Zolls wird diese rechtliche Verstrickung abgelöst. Der Zollpflicht kann man daher in doppelter Weise genügen, entweder durch Bezahlung (die unter gewissen Voraussetzungen gestundet wird) oder durch Hingabe der Waren unter Zollkontrolle (Niederlegung)."

Anhänger dieser Theorie von der „Dinglichkeit" des Zollrechts sind Bulling (im Archiv für Strafrecht 1893 Bd. 41 S. 120ff.), Kunckel (ZZollwRSt. 1902 Bd. 2 S. 33ff.), und in letzter Zeit vor

---

[1] Staatsrecht des Deutschen Reichs Bd. 4 S. 433ff.

allen HAUSBRAND, der auf dieser Grundlage den Entwurf für ein neues Zollrechtssystem aufgebaut hat. (Vergl. die Aufsätze in der ZZollwRSt. 1903 Bd. 3 S. 1 ff., 33 ff.; 1905 Bd. 5 S. 4 ff., 65 ff., 211 ff.; 1907 Bd. 7 S. 185 ff., 233 ff.).

3. Endlich sind zu erwähnen die Ausführungen von CHRISTIAN BEHR,[1] der einen eigenen Weg eingeschlagen hat, um zu einer Erklärung des staatlichen Zollrechts zu gelangen. Seiner Behauptung nach ist die Zollpflicht in erster Linie ein Korrelat eines selbständigen dinglichen Rechts des Staates an einer Ware, dessen Zweck die Realisierung des durch die Wareneinfuhr begründeten fiskalischen Abgabenanspruchs ist. Daneben bestehen aber obligatorische Beziehungen des Staates zu den im einzelnen Fall abgebepflichtigen Personen. Der dingliche Zollanspruch enthält das doppelte Recht der Kontrolle und eventuell der Befriedigung aus dem Verkaufsrecht. Bei Verzichtleistung auf das Kontrollrecht durch Zulassung der Ware zum freien Verkehr nimmt somit die Zollpflicht den Charakter einer Pfandhaft für die persönlichen Ansprüche des Staates an. Der Versuch, die Zollpflicht zu umgehen, läßt das staatliche Recht an der Sache zum Eigentumsrecht konvaleszieren."

Anhänger hat CHRISTIAN BEHR in der Theorie bisher noch nicht gefunden.

4. In allen diesen Ausführungen wird ein „persönlicher" Anspruch in den Gegensatz zu einem „dinglichen" gebracht, also Begriffe des privaten Rechts auf öffentliche Rechtsverhältnisse angewandt. Dies ist in der Regel für unzulässig zu erachten. Dem öffentlichen Rechtsverhältnis ist die Ungleichheit der Machtbefugnisse der ungleichen Subjekte, die sich hier einander gegenüberstehen, eigen. Im Zivilrecht entsteht ein Rechtsverhältnis durch Vertrag, im öffentlichen Recht durch den Willen des allein mächtigen Staates. Es ist zwar nun möglich, daß der Staat sich für bestimmte vermögensrechtliche Beziehungen dem Zivilrecht unterordnet.[2] Er tut dies aber nirgends auf dem Gebiete des Zollrechts, vielmehr erscheint hier, wie meistens in der Finanzver-

[1] Zollpflicht und freier Verkehr im Archiv für öffentl. Recht 1899 Bd. 14 S. 176 ff.

[2] OTTO MAYER, Deutsches Verwaltungsrecht Bd. 1 S. 138.

waltung, die öffentliche Gewalt „am reinsten mit spröder Einseitigkeit".[1] Doch ergibt sich die Schwierigkeit, für die eigenen öffentlich-rechtlichen Verhältnisse neue Beziehungen zu finden, wie schon ULPIAN sagt: Natura rerum conditum est, ut plura sint negotia quam vocabula.[2] Aus dieser Notlage heraus kann es nicht vermieden werden, die Begriffe des Zivilrechts für die des öffentlichen Rechts vergleichsweise heranzuziehen, wie dies auch infolgedessen in der Literatur fast allgemein geschehen ist.

II. Vergleicht man nun die angeführten Theorien mit den Bestimmungen des Vereinszollgesetzes, so kann man sich weder dafür entscheiden, daß das Zollrecht des Staates einen ausschließlich „dinglichen", noch daß es einen ausschließlich „persönlichen" Charakter habe. Die maßgebenden Paragraphen des Gesetzes, um die der Streit sich hauptsächlich dreht, sind die §§ 13 und 14. Der § 13 VZG., der von HAVENSTEIN die Überschrift „Verpflichtung zur Entrichtung des Zolls" erhalten hat,[3] lautet: „Zur Entrichtung des Zolls ist dem Staate gegenüber derjenige verpflichtet, welcher zur Zeit, wo der Zoll zu entrichten, Inhaber (natürlicher Besitzer) des zollpflichtigen Gegenstandes ist. Dem Inhaber steht derjenige gleich, welcher den zollpflichtigen Gegenstand aus einer öffentlichen Niederlage entnimmt." Dagegen lautet der von HAVENSTEIN mit „Haftung der Ware"[4] überschriebene § 14 VZG.: „Die zollpflichtigen Gegenstände haften ohne Rücksicht auf die Rechte eines Dritten an denselben für den darauf ruhenden Zoll und können, solange dessen Entrichtung nicht erfolgt ist, von der Zollbehörde zurückbehalten oder mit Beschlag belegt werden. Das an den Inhaber des zollpflichtigen Gegenstandes von einem Zollbeamten ergangene Verbot, über den fraglichen Gegenstand weiter zu verfügen, hat die volle Wirkung der Beschlagnahme. Die Verabfolgung der Ware kann in keinem Falle, auch nicht von den Gerichten, Gläubigern oder Gütervertretern (Massekuratoren) bei Konkursen eher verlangt werden, als bis die Abgaben davon bezahlt sind."

---

[1] OTTO MAYER, a. a. O. Bd. 1 S. 379.

[2] Dig. 19, 5, 4.

[3] HAVENSTEIN, ZollGG. S. 18.

[4] Ebenda S. 19.

1. Hervorzuheben ist zunächst, daß aus der bloßen Sprache des Vereinszollgesetzes sich nichts für eine persönliche, noch für eine dingliche Zollpflicht anführen läßt; denn wenn die Vertreter der Theorie von der persönlichen Zollpflicht die §§ 13, 29, Abs. 7 und 31 VZG. zitieren, in denen von einem „Zollpflichtigen" die Rede ist, so führen die Gegner dagegen die §§ 4, 14, 21 und 108 VZG. an, die von „zollpflichtigen Waren bez. Gegenständen" handeln. Auch dürfte es nicht möglich sein, daraus, daß das Vereinszollgesetz den von der Haftung der Ware sprechenden Paragraphen erst als 14. und in dem Abschnitt, der von der „Erhebung des Zolls"[1] handelt, hinter die §§ 9 und 13, die von der Verpflichtung einer Person zur Zollzahlung sprechen, gestellt hat, zu folgern, daß für das Gesetz eine persönliche Zollpflicht die Grundlage bilde.[2] Der Aufbau des VZG. ist vielfach sehr mangelhaft (man vergleiche nur die kritischen Aufsätze Hausbrands in der Zeitschrift für Zollw-RSt.), zum mindesten ist er aber nicht so fein gegliedert, als daß schon aus der äußerlichen Gruppierung der Paragraphen ein so weitgehender Schluß gerechtfertigt werden könnte. Ferner könnte der Umstand, daß bereits im Abschnitt I des Vereinszollgesetzes im § 4 die Zollpflichtigkeit der Gegenstände betont wird, während an oder vor dieser Stelle von einer persönlichen Verpflichtung noch nicht die Rede ist, höchstens das Gegenteil beweisen. Auf diesem Wege kann also zu keinem Ziele gelangt werden.

2. Alle Mühe, der Theorie von der persönlichen Zollpflicht oder der von der dinglichen Zollpflicht zum Siege zu verhelfen, muß aber daran scheitern, daß jede der beiden einige Erscheinungen des Zollwesens nicht mit ihren Ausführungen zu vereinbaren vermag.

a) Es widerspricht dem ausschließlichen Bestehen einer dinglichen Zollpflicht die Tatsache, daß der Zoll den Wert des Zollgegenstandes übersteigen kann. Ferner besteht eine persönliche Verpflichtung zur Nachzahlung zu wenig gezahlter Abgaben.[3] Auch wird der Einführende dann in Anspruch genommen, wenn

---

[1] Havenstein, ZollGG. S. 14.

[2] Zschucke, Zollschuld und Warenhaftung S. 19.

[3] Vergl. § 15 VZG. mit dem BRBeschluß vom 11. März 1890 (Preuß. Zentralblatt S. 60).

Anmerkung: Im größeren Umfange ist von diesem Recht insbesondere

er die Ware, nachdem der Zollanspruch des Staates entstanden ist, vernichtet oder sie dem Fiskus überläßt.[1] Endlich würde, wie eine Entscheidung des Reichsgerichts vom 13. Dezember 1907[2] hervorhebt, das aus § 16 Nr. 2 KO. für Zollansprüche folgende Konkursprivileg des Fiskus gegenstandslos sein und lediglich das Absonderungsrecht aus § 49 Nr. 1 KO. in Betracht kommen.

b) Dagegen widerspricht die Theorie, von der persönlichen Zollpflicht, daß unter Umständen ein Recht an der Sache ohne persönliche Verpflichtung bestehen kann, und zwar ist dies überall dort der Fall, wo ein Grenzeingang ohne Transportführer, durch Naturereignisse und dergleichen stattgefunden hat. Es ist zwar hiergegen die Behauptung aufgestellt worden, daß das Gesetz vermute, gefundene Gegenstände seien durch eine Defraude in das Inland gelangt. Die Bestimmung des § 157 VZG. gehöre daher als eine Bestimmung der Konfiskation dem Zollstrafrecht an.[3] Begründet wird sie jedoch lediglich damit, daß § 157 VZG. in dem XX. mit „Strafbestimmungen" überschriebenen Abschnitt des Gesetzes steht. Diese Begründung ist aber unzureichend. Gerade der § 157 VZG. hat bereits schon einmal seinen Platz gewechselt. Er stand im Entwurf zum Vereinszollgesetz als § 162 unter der Überschrift „Umwandlung der Geldstrafe in Freiheitsstrafe" an noch weniger richtiger Stelle als jetzt.[4] Namentlich aber ist bereits in den Beratungen des deutschen Zollparlaments angeregt worden, dem § 157 bez. 162 eine selbständige Überschrift „gefundene

---

in dem Gesetz betr. die Abänderung des Zolltarifs vom 21. Dezember 1887 (im RGBl. S. 533f.) Gebrauch gemacht worden. Nach § 2 dieses Gesetzes sind „die im § 1 festgesetzten neuen Tarifsätze für die dort angeführten Getreide- und Mühlenfabrikate aus Getreide mit der im § 9 Abs. 2 VZG. angegebenen Wirkung vom 26. November 1887 ab für gültig erklärt worden. Die Zolldifferenz war mithin nachzuzahlen, obgleich eine Haftung der Ware in keiner Weise mehr bestand. Auf dem gleichen Grundsatze beruht die im § 3 des Gesetzes vom 15. Juli 1909 betr. die Erhöhung des Kaffee- und Teezolls angeordnete Nachverzollung (im RGBl. S. 746).

[1] Havenstein, ZollGG. Anm. 2 zu § 13 S. 18.

[2] RGZ. Bd. 67 S. 216.

[3] So z. B. Greiner, ZZollwRSt. 1907 Bd. 7 S. 87, dagegen Stenglein, Kommentar, Anm. 2 zu § 157 S. 198.

[4] Drucksachen Nr. 4 S. 47.

Gegenstände" zu geben.[1] Im § 5 dieser Dissertation wird nochmals auf die Behauptung, § 157 VZG. enthalte eine strafrechtliche Norm, zurückzukommen sein.

3. Da sich somit weder das Vorhandensein einer persönlichen, noch das einer dinglichen Zollpflicht beweisen läßt, bleiben zur Prüfung nur noch die Ausführungen Christian Behrs übrig, der darlegt, daß die Zollpflicht sowohl eine persönliche, wie eine dingliche Seite habe. Seine Ansicht hat neuerdings eine Unterstützung gefunden durch die oben zitierte Entscheidung des 8. Zivilsenats des Reichsgerichts vom 13. Dezember 1907. Betrachtet man das Gesetz mit den ebenfalls oben wörtlich angeführten Paragraphen 13 und 14, so spricht § 13 recht klar von einer persönlichen „Verpflichtung zur Entrichtung des Zolls", während im § 14 eine „Haftung der Ware" neben diese gestellt wird, ohne aber irgendwie von jener etwa nach Art eines akzessorischen Pfand- oder Zurückbehaltungsrechtes abhängig gemacht zu werden. Umgekehrt wird man aber auch sagen müssen, daß die persönliche Verpflichtung in ihrem Bestande von der Warenhaftung unabhängig ist, trotzdem davon auszugehen ist, daß die Haftung der Ware den primären Teil der Zollpflicht bildet; denn, wie in der mehrfach angeführten Entscheidung des Reichsgerichts festgestellt wird, besteht für den Fiskus keine Verpflichtung, die Frage, ob noch eine zollpflichtige Person vorhanden sei, zu entscheiden. Er kann sich ausschließlich an die Sache halten. Nimmt man nun noch hinzu, wie die Theorie von der persönlichen, wie die von der dinglichen Zollpflicht an einigen Bestimmungen scheitern, so kommt man zu dem Schluß: **Die Zollpflicht ist nicht einseitig persönlich oder dinglich, sondern zweiseitig, sie umfaßt die persönliche Verpflichtung und die Haftung der Ware.** Will man vergleichsweise ein Verhältnis des Zivilrechts heranziehen, so braucht man nur an das alte germanische Zollschuldverhältnis mit seiner persönlichen und seiner dinglichen Seite zu decken. Doch ist eine Eigentümlichkeit des öffentlich-rechtlichen Zollverhältnisses, **daß dinglicher, wie persönlicher Anspruch voneinander in ihrem Bestehen unabhängig sind.**[2]

---

[1] Verhandlungen des Zollparlaments S. 48.

[2] Vergl. Behr, ArchÖffR. 1899 Bd. 14 S. 176ff., insbes. S. 194 u. 197.

Überblickt man dies Ereignis, so wird man es als ein dem Schutzprinzipe entsprechendes zu bezeichnen haben. Den im vorigen Paragraphen aufgestellten Normen wird vor allen insofern Rechnung getragen, als, wie hat festgestellt werden können, dem Staate nach dem Vereinszollgesetz ein selbständig wirkendes Recht an der Zollsache gegeben worden ist. Aus fiskalischen Rücksichten ist allerdings der Steuerbegriff für den Zoll nicht fallen gelassen worden. Dieser Umstand ist aber nicht so schwerwiegend, als daß nicht trotzdem die Inlandsproduktion dank der Haftung der Zollware ein genügender Schutz zuteil würde.

III. Sehr zum Schaden für das Herausarbeiten klarer Begriffe im Zollrecht hat gewirkt, daß das Vereinszollgesetz keine scharfe Terminologie dieser Begriffe geschaffen hat. So ist es auch gekommen, daß sich in der Literatur das Wort „Zollpflichtigkeit" hat Eingang verschaffen können, das schon sprachlich falsch aus dem Eigenschaftswort „pflichtig" gebildet wird, das wiederum seine Herkunft von dem Hauptworte „Pflicht" herleitet, und schon um dieser falschen Wortbildung willen nicht in den Sprachgebrauch eindringen darf. Eine Begriffsumgrenzung, die dem Ausgeführten entspricht, läßt sich unschwer finden. Dem Zollrecht des Staates entspricht eine Zollpflicht. Das Zollrecht teilt sich in ein Recht gegen eine Person und in ein Recht an der Zollsache. Dementsprechend gliedert sich die Zollpflicht in die Zollschuld und die Warenhaftung. Das Wort „Zollschuld" ist, um den Gleichklang mit Pflicht und somit Verwechselungen zu vermeiden, mit LABAND[1] für die persönliche Verpflichtung zur Zollzahlung zu wählen. Mit dem Eigenschaftswort zollpflichtig werden nach dem Tarifgesetz ohne Rücksicht auf die im Einzelfall bestehende Haftung alle Waren bezeichnet, die mit einem Zoll belegt sind. Es empfiehlt sich demgemäß weiterhin „zollpflichtig" in diesem Sinne zu gebrauchen. Dadurch macht sich aber eine neue Bezeichnung der Ware notwendig, für die in concreto eine Zollbelastung besteht. Es hat nun HAUSBRAND den Rechtszustand, in den die Sache beim Überschreiten der Grenze gerät, mit Zollstand bezeichnet und hiervon als Eigenschaftswort zollständig

---

[1] LABAND, Staatsrecht des Deutschen Reichs Bd. 4 S. 438.

gebildet.[1] Es steht nichts im Wege, diese Bezeichnung auch dann aufzunehmen, wenn neben der Warenhaftung auch eine Zollschuld anerkannt wird.

§ 5.

Insbesondere das staatliche Recht am Zollgut.

I. In notwendiger Folge davon, daß in der Literatur die Ansichten bereits darüber geteilt sind, welche juristische Natur das Zollrecht des Staates hat, müssen auch die Meinungen über die juristische Natur der Haftung der Ware entsprechend geteilt sein. Diejenigen, die für eine persönliche Zollpflicht eintreten, müssen, um die vom Gesetz angeordnete Haftung der Ware erklären zu können, diese als ein akzessorisches staatliches Recht zur Sicherung der persönlichen Zollschuld neben dieser anerkennen und nun weiterhin die Natur dieses akzessorischen Rechts darzulegen versuchen. Dagegen haben die Vertreter der Theorien von einer dinglichen Zollpflicht, gleichgültig, ob eine solche von ihnen als eine ausschließlich bestehende oder als eine zusammen mit einer persönlichen Zollschuld wirkende anerkannt sein mag, es nicht mehr nötig, die juristische Natur der Warenhaftung noch besonders zu behandeln; denn da nach ihnen das staatliche Zollrecht die Warenhaftung zum wesentlichen Inhalt hat, ergibt sich, daß für sie das staatliche Recht am Zollgut nur Teil des eigenartigen öffentlichen staatlichen Zollrechts sein kann. Auch für diese Darstellung ist diese Frage bereits mit der nach der Natur des staatlichen Zollrechts überhaupt beantwortet.

II. Bei weitem nicht so rasch läßt sich die Frage nach dem Inhalt des Rechtes des Staates am Zollgut entscheiden. Die Warenhaftung besteht ausschließlich zu dem aus dem Schutzprinzipe gerechtfertigten öffentlichen Zweck, die öffentlich-rechtliche Zollpflicht zu gewährleisten. Da eine persönliche Verpflichtung nicht die nötige Sicherheit geben kann, entzieht der Staat jedem die Verfügung über die Zollsache bis der Zoll entrichtet ist. Fremde Verfügungsrechte werden indessen nur insoweit ausgeschlossen, als es das Interesse der Sicherung, der Feststellung und der Er-

---

[1] ZZollwRSt. 1905 Bd. 5 S. 7.

füllung der Zollpflicht erheischt. Es ist daher zulässig, daß neben dem öffentlichen Rechte des Staates gleichzeitig private Rechte am Zollgut bestehen.[1] So werden beispielsweise Eigentum, Pfandrechte von Spediteur und Frachtführer (§§ 410, 440 HGB.) und Eigenbesitz (§ 872 BGB.), auch nicht notwendig der Besitz (§ 854 BGB.), wie im Falle des amtlichen Mitverschlusses, nicht aufgehoben. Andererseits berühren alle privatrechtlichen Änderungen, die mit dem Zollgute vorgenommen werden, das staatliche dingliche Recht nicht.[2] Der gute Glaube im Sinne der §§ 932, 936 BGB. und des § 366 HGB. hilft hier nicht, da nur der Glaube, daß der Veräußerer privatrechtlicher Eigentümer sei, geschützt werden soll.[3]

III. Maßgebend für den Inhalt des öffentlichen Rechts am Zollgut ist aber sein bereits geschilderter Zweck. Es ist nun allerdings sehr bestritten, welche Einzelrechte dem Staate zur Erfüllung seiner Aufgabe verliehen sind.

1. Unbestrittenermaßen schließt das Recht des Staates am Zollgut die Befugnis in sich, das Zollgut im Besitz zu behalten, sobald der Warenführer die Ware „gestellt", d. h. sie seiner öffentlich-rechtlichen Pflicht gemäß dem Gewahrsam der Zollbehörde übergibt. Das Zurückbehaltungsrecht dauert, bis die Zollpflicht festgestellt und erfüllt oder entschieden ist, daß ein Zoll wegen Wiederausfuhr oder aus sonstigen Gründen nicht gezahlt zu werden braucht (§§ 14, 100 VZG.). Insofern besteht eine große Ähnlichkeit mit einer öffentlich-rechtlichen Eigentumsbeschränkung.[4] Diese bezieht sich zwar nur auf Grundstücke und gleicht dadurch der zivilrechtlichen Eigentumsbeschränkung, die ihre Ausbildung namentlich in dem Nachbarrecht (BGB. §§ 905 ff.) erfahren hat. Jedoch wird durch eine öffentlich-rechtliche Eigentumsbeschränkung, wie durch die Ausübung des zollrechtlichen Zurückbehaltungsrechts das Eigentum wehrlos, soweit es der

---

[1] Stenglein, Kommentar. Anm. 2 zu § 14 S. 32.

[2] Stenglein, a. a. O. Anm. 3 zu § 14 S. 32f.

[3] Hoffmann, ZZollwRSt. 1901 Bd. 1 S. 69, 70; and. M.: Behr, ArchÖffR., Bd. 14 S. 188; Havenstein, Zollgesetzgebung S. 18ff.

[4] Otto Mayer, Deutsches Verwaltungsrecht Bd. 2 S. 178; Hoffmann, ZZollwRSt. Bd. 1 S. 12.

Zweck der öffentlichen Verwaltung erfordert.[1] Obligatorische, wie dingliche zivilrechtliche Ansprüche auf Herausgabe der Sache können gegenüber dem staatlichen Zurückbehaltungsrecht nicht durchdringen (§ 14, letzter Satz VZG.), doch wird das Eigentum deshalb keineswegs schutzlos gegenüber jedem Eingriff.[2]

Von seinem Rechte zur Zurückhaltung macht jedoch der Staat mitunter keinen Gebrauch, so nicht im Begleitschein- und Veredlungsverkehr usw. In solchen und ähnlichen Fällen begibt sich der Staat seines ursprünglichen Rechts an der zollpflichtigen Sache. Trotzdem haftet die Ware noch weiter, wenn auch nur noch nach Art eines Pfandes, und zwar um deswillen nur noch pfandartig, weil nach § 15 VZG. in diesen Fällen mit der Verjährung der persönlichen Zollforderung die gesamte Zollpflicht, also auch die Haftung der Ware erlischt.[3] Bis zu diesem Zeitpunkte hat jedoch der Fiskus, falls der Zollschuldner seiner Verpflichtung nicht nachkommt, jederzeit das Recht, die Haftung der zollständigen Ware noch geltend zu machen.[4]

2. Wird den Vorschriften nicht genügt, die zur Sicherung der Feststellung und Erfüllung der Zollpflicht erlassen sind, wird namentlich die Gestellung der Ware verabsäumt, so macht der Staat von dem weiteren aus seinem Recht am Zollgut folgenden Recht der Beschlagnahme Gebrauch, d. h. er begründet zugunsten der öffentlichen Gewalt zur Sicherung des Zollrechts einen von dem bisherigen verschiedenen Rechtszustand. Dieses Recht zur Beschlagnahme folgt unmittelbar aus der Haftung der Ware für den Zoll. Diese Beschlagnahme ist daher nicht zu verwechseln mit der Beschlagnahme zwecks Sicherung der Konfiskation des § 135 VZG. Letztere gehört als eigenes Institut nebst jener dem Zollstrafrecht an und soll hier unberücksichtigt bleiben.

a) Wie es im deutschen Rechte wohl überhaupt kein einheitliches Rechtsinstitut der Beschlagnahme gibt, sondern nur eine Reihe von einzelnen Arten der Beschlagnahme, so hat auch das

---

[1] Otto Mayer, Deutsches Verwaltungsrecht Bd. 2 S. 189.

[2] Otto Mayer, a. a. O. Bd. 2 S. 188.

[3] Behr, ArchÖffR. Bd. 14 S. 191.

[4] Behr, a. a. O. Bd. 14 S. 189.

Vereinszollgesetz eine eigene Form für diesen „Akt staatlicher Autorität" gebildet. Insbesondere wird im § 14 VZG. auch die Amtshandlung, durch die die besondere Verfügungsgewalt des Staates über die Sache hergestellt wird, als Beschlagnahme bezeichnet.

b) Die Beschlagnahme findet statt, wenn das Zollgut sich in fremdem Gewahrsam befindet. Ist es bereits im ausschließlichen oder teilweisen körperlichen Gewahrsam der Zollbehörde, so wird es, wie bereits unter 1. ausgeführt ist, „zurückbehalten". Diese Zurückbehaltung ist im § 14 VZG. mit der Beschlagnahme identifiziert, während nach der allgemeinen Regel Veräußerungsverboten eine Beschlagnahmewirkung nicht beigelegt ist. Die Bestimmung des § 14 rechtfertigt sich jedoch aus ihrem Zweck. Da dem Staate nur daran gelegen ist, auf Grund des Gewahrsams eine besondere Herrschaft der öffentlichen Gewalt über die Sache zu begründen, muß es für ihn unerheblich sein, ob er diesen Gewahrsam bereits durch freiwillige Gestellung erlangt hat, oder ob er denselben in den Fällen, in denen die Sache sich entweder in fremdem oder niemandes Gewahrsam (vergl. § 157 VZG.) befindet, sich erst durch eine besondere Gewaltausübung verschaffen muß.

c) Dagegen sind von der Beschlagnahme völlig wesensverschieden der in zahlreichen Gesetzesstellen angeordnete amtliche Verschluß,[1] die in den §§ 97ff. VZG. geregelte Aufbewahrung von Zollgütern in öffentlichen Niederlagen oder die nach §§ 108f. VZG. zugelassene Niederlegung in Privatlägern. Alle diese Maßnahmen sind nur Hilfsmittel, um den Eingang unverzollter Waren in die inländische Güterwelt zu verhindern und um die später vielleicht einmal notwendig werdende Beschlagnahme nach Möglichkeit zu erleichtern, während eine besondere Verfügungsgewalt des Staates, wie sie durch die Beschlagnahme geschaffen wird, nicht begründet werden soll, vielmehr das Verfügungsrecht des Berechtigten in gewissen Beziehungen gewahrt bleibt.

d) Der Zustand, der durch die Beschlagnahme geschaffen wird, ist die Verstrickung,[2] deren Bruch nach § 137 StGB.

---

[1] Mothes, Die Beschlagnahme S. 9.

[2] Mothes, a. a. O. S. 94 und RGSt. Bd. 14 S. 116.

unter Strafe gestellt ist. Begründet wird sie durch einen ausdrücklichen staatlichen Willensakt (in den meisten Fällen durch Besitznahme), der den Gewahrsam des Dritten an den zollpflichtigen Gegenständen zugunsten des Staates aufhebt. Während der Dauer der Verstrickung hat der Staat eigene Rechte an den verstrickten Gegenständen, deren Inhalt dahin geht, über die Gegenstände verfügen und Dritte von der Verfügung ausschließen zu dürfen, soweit es das staatliche Interesse an der Sicherung, der Feststellung und der Erfüllung der Zollpflicht erfordert.

e) Zu erwähnen ist endlich noch, daß diese öffentlich-rechtliche Beschlagnahme nicht etwa im Konkurs des Zollschuldners auf Grund von § 30 KO. angefochten werden kann. Dem Staate verbleibt vielmehr sein ihm nach §§ 49,1 und 48 KO. zustehendes Recht auf abgesonderte Befriedigung.[1]

3. Weiter folgt aus der Haftung des Zollgutes für den Staat das Recht, zur Feststellung des Zollanspruchs durch Beschau (Revisionen) auf die Zollware einzuwirken.[2] Die Revision scheidet sich nach § 28 VZG. in eine allgemeine und eine besondere (spezielle). Die allgemeine bezweckt, den Verbleib und die Identität der Sache festzuhalten, bis es entweder zur besonderen Revision kommt, oder bis die Zollpflicht erlischt. Durch die besondere wird dagegen die Zollbelastung festgestellt. Dies kann geschehen, auch wenn keine unmittelbare Verzollung stattfinden soll, nur zwecks Festhaltung der Zollbelastung für einen späteren Zeitpunkt. Beide Revisionsarten verfolgen dasselbe Ziel, „sie sind nur dem Grade, nicht dem Wesen nach verschieden.[3] Wie das Zurückbehaltungsrecht, so übt der Staat auch sein Recht auf Revision mitunter nicht aus oder schiebt die Ausübung desselben vorläufig auf, so im Ansageverfahren vom Grenzzollamt aus nach dem Bestimmungsort (§§ 33, 52, 83 VZG.), im Falle der Ablassung von Schiffs- oder Wagenladungen auf Begleitschein I ohne Ausladung (§ 41 Abs. 4 VZG.), im Eisenbahnverkehr mit Begleitzettel und Ladungsverzeichnis (§§ 63, 64 VZG.) und anderen Fällen.

---

[1] Hoffmann, ZZollwRSt. Bd. 1 S. 72.

[2] a. M. Stenglein, Kommentar. Anm. 7,b zu § 114 S. 34 und Anm. 5 zu § 31 S. 63.

[3] Hausbrand, ZZollwRSt. Bd. 5 S. 7.

4. Ein eigenartiges Recht steht dem Staat ferner zu nach § 93 VZG. bezüglich derjenigen Waren, für die auf Grund von § 10 des Zolltarifgesetzes vom 25. Dezember 1902[1] Wertzölle festgesetzt sind. Absatz 3 des § 93 gibt nämlich der Zollbehörde die Befugnis, solche Waren, deren deklarierter Wert für unzulänglich erachtet wird, zu behalten gegen Zahlung des deklarierten Wertes mit einem Zuschlage von fünf vom Hundert an denjenigen, welcher dieselben eingeführt hat. Im Absatz 5 desselben Paragraphen wird dies Recht als ein Vorkaufsrecht des Staates bezeichnet in Erinnerung an ein zivilistisches Rechtsinstitut, das jedoch mit dem im § 93 VZG. ausgebildeten, dem öffentlichen Recht angehörenden, kaum eine Ähnlichkeit aufzuweisen hat; denn einmal müßte, wenn ein Vorkaufsrecht ausgeübt werden soll, bereits ein anderer Kaufvertrag vorliegen (§ 504 BGB.), eine notwendige Bedingung, deren Erfüllung § 93 VZG. nicht fordert, und es müßte auch das Vorkaufsrecht vor seiner Geltendmachung dem Staat in irgend einer Weise freiwillig vom Einbringer eingeräumt worden sein. Allenfalls könnte man noch das Institut des § 93 mit einem zivilistischen Zwangskauf bez. -verkauf vergleichen, da ein Tausch zwischen Ware und Geld stattzufinden scheint. Doch auch dies ist nicht angängig, da der Staat, auch wenn er wissentlich dem Nichteigentümer die Ware abnimmt, Eigentum erwirbt. Vielmehr ist der sogenannte Vorkauf des § 93 VZG. ein dem öffentlichen Rechte angehörender Vorgang, bei dem die selbständige Haftung der Ware für den Zoll sich besonders gut zeigt. Als öffentlichrechtlicher Akt ist er mehrfach mit der Enteignung auf eine Stufe gestellt worden.[2] Auch gleicht er dieser insofern, als der Staat nach einem originären Eigentumserwerb zur Entrichtung einer Entschädigung verpflichtet ist. Doch ist die Enteignung im deutschen Recht ein fest ausgeprägtes Rechtsinstitut, das sich lediglich auf Immobilien erstreckt und ausschließlich zugunsten eines öffentlichen Unternehmens besteht.[3] Auch liegt dem Staat hier nichts an dem Eigentumserwerb selbst, vielmehr tritt dieser nur als möglicherweise unerwünschte Folge davon ein, daß er von

[1] RGBl. S. 303ff.

[2] Hoffmann, ZZollwRSt. Bd. 1 S. 70f.

[3] Otto Mayer, Deutsches Verwaltungsrecht Bd. 2 S. 3.

seinem Recht an der Zollware den weitgehendsten Gebrauch macht, um dadurch die Entrichtung der Wertzölle in angemessener Höhe zu erzwingen. Das Wort „Vorkaufsrecht", das zu so verschiedenen Deutungen Anlaß gegeben hat, ist übrigens im § 8 Abs. 1 des Tabaksteuergesetzes vom 15. Juli 1909,[1] das dem Staate bei unzulänglicher Wertanmeldung die gleichen Rechte wie § 93, Abs. 3 ZollTG. gibt, durch die Bezeichnung „Ankaufsrecht" ersetzt worden.

5. Sehr bestritten ist nun, ob aus dem Rechte des Staates an der Zollware sich auch die Befugnis herleitet, diese unter gewissen Voraussetzungen zur Deckung des Zollanspruchs zu verkaufen.[2] Wie bereits im § 3 dieser Darstellung erwähnt ist, ist ein Bedürfnis, ein solches Verkaufsrecht für alle Fälle festzustellen, nicht vorhanden. Im Gegenteil widerstreitet es dem Zweck des Gesetzes, das dem Schutzprinzip dienen soll. Nimmt man aber an, daß ein derartiges Verkaufsrecht des Staates besteht, so ist es falsch, hieraus einen Beweis für die „Dinglichkeit" der Zollpflicht entnehmen zu wollen;[3] denn ein Recht zum Verkauf der Ware könnte ja ebensogut aus einer Art staatlichen Pfandrechts fließen, das neben einer persönlichen Forderung besteht.

a) Das Vereinszollgesetz kennt nun zwar ein Verkaufsrecht des Staates, beschränkt es aber auf einige wenige Fälle, die in den §§ 104 und 157 VZG. zu finden sind. Danach soll eine Ware im allgemeinen nur dann verkauft werden, wenn kein Verfügungsberechtigter vorhanden ist, so bei im Grenzbezirk gefundenen Gegenständen (§ 157 VZG.) und bei Niederlagegütern, deren Eigentümer oder Disponent unbekannt ist (§ 104 Abs. I VZG.), wenn diese Sachen bereits ein Jahr lang in den betreffenden Niederlagen sich befinden. Ist der Eigentümer bekannt, so kann nur in dem Fall des § 104 Abs. 4 VZG., wenn eine Ware binnen fünf Jahren nicht aus der Niederlage entfernt wird, zum Verkauf

---

[1] RGBl. S. 797.

[2] Gegen ein Verkaufsrecht dieser Art sind: Hoffmann, ZZollwRSt. Bd. 1 S. 70, Greiner, ZZollwRSt. Bd. 7 S. 89, Zschucke, Zollschuld und Warenhaftung S. 101 f. Für ein Verkaufsrecht sind: Hausbrand, ZZollwRSt. Bd. 3 S. 2, Kunckel, ZZollwRSt. Bd. 2 S. 36.

[3] Hausbrand, ZZollwRSt. Bd. 7 S. 17.

derselben geschritten werden. Das aus einer Konfiskation für den Staat sich ergebende Verkaufsrecht hat als Bestimmung des Zollstrafrechts hier füglich außer acht zu bleiben.

b) Das Vereinszollgesetz gibt nun keinen Anhalt dafür, daß die in den obigen wenigen Fällen ausgesprochene Verkaufsbefugnis aus dem Zollrechte des Staates mit seinem Recht am Zollgut folge. Vielmehr wird man für dasselbe eine andere Erklärung suchen müssen. Hierbei hat man davon auszugehen, daß, wie KUNCKEL hervorhebt,[1] „ein dauerndes Bleiben der Ware unter Kontrolle einer geordneten Wirtschaft widerspricht" und daß ferner aus finanziellen Rücksichten statt einer Vernichtung der zu lange Zeit lagernden Waren, die eigentlich stattzufinden hätte, ein Verkauf derselben Platz greift.

α) Betrachtet man daraufhin zuerst das vom Gesetz im § 104 VZG. angeordnete Verkaufsrecht, so ist dieses, mag es für Güter unbekannter oder bekannter Eigentümer zulässig sein, wie ZSCHUCKE treffend ausgeführt hat,[2] ein Ausfluß der Anstaltsgewalt des Staates. Die Niederlage ist öffentliche Anstalt, die dem einzelnen nicht auf unbestimmte Zeit zur Verfügung steht. Nach Ablauf der ein- bez. zweijährigen Frist wird die Niederlage für neue Güter geräumt. Auf Grund einer im § 106 VZG. gegebenen allgemeinen Ermächtigung ist zur weiteren Ausführung des § 104 VZG. im § 40 des Niederlageregulativs vom 8. Juli 1888 bestimmt worden, daß, falls bei einem Verkauf von Niederlagegütern, der durch öffentliche Versteigerung zu geschehen hat, das Meistgebot nach Abzug der Kosten hinter dem Betrage des Eingangszolls zurückbleibt und infolgedessen der Zuschlag zu versagen ist,[3] die Ware zu vernichten ist, sobald sie unter den obigen Voraussetzungen nicht verkauft werden kann.[4] Die Bestimmung ist namentlich um deswillen wichtig, weil sie Schutz gegen eine Verschleuderung im Inland gewährt. Ferner regelt die beim Verkauf von Niederlagegütern tätig werdende Anstaltsgewalt

[1] KUNCKEL, ZZollwRSt. Bd. 2 S. 37.

[2] ZSCHUCKE, Zollschuld und Warenhaftung S. 102f.

[3] Anweisung zur Ausführung des VZG. Bekanntmachung des BR. vom 5. Juli 1888 Nr. 22 (RZBl. S. 493).

[4] RZBl. 1888 S. 559.

ein Bundesratsbeschluß vom 7. Mai 1903[1] des Inhalts, daß bei Niederlagegütern, deren Eigentümer unbekannt ist, die Umwandlung in eine zollfreie oder eine mit einem niedrigeren Zollsatze belegte Ware zwecks leichteren Verkaufs zulässig ist.[2]

β) Weiter gibt § 157 VZG. dem Staat ein Verkaufsrecht in Ansehung der im Grenzbezirk gefundenen zollpflichtigen Gegenstände. Es wird nun behauptet, § 157 VZG. enthalte eine strafrechtliche Bestimmung, da vermutet werde, es sei mit den gefundenen Gegenständen eine Kontrebande oder Defraude verübt worden. Wie diese Ansicht zu begründen versucht wird, ist bereits oben im § 4 erwähnt und diese Begründung zurückgewiesen worden. Sollte § 157 VZG. eine strafrechtliche Bestimmung enthalten, so könnte das Verkaufsrecht des Staates nur daraus folgen, daß die gefundenen Gegenstände konfisziert worden seien. Die Unhaltbarkeit der ganzen Konstruktion zeigt sich nun sofort, weil eine Konfiskation unabhängig von einem Strafverfahren gegen einen bestimmten Täter nicht ausgesprochen werden darf. Allerdings kennt die Strafprozeßordnung ein Strafverfahren, nach dem auf Einziehung, Vernichtung und Unbrauchbarmachung von Gegenständen selbständig erkannt werden kann. Voraussetzung für dieses in den §§ 477—480 StPO. geregelte sogenannte „objektive" Strafverfahren ist, daß die im § 42 StGB., in Verbindung mit § 40 StGB. für die Einziehung gesetzten Bedingungen erfüllt sind. Es müßten also die einzuziehenden Gegenstände dem Täter gehört haben und die Kontrebande oder Defraude ein Vergehen nach § 1, Abs. 2 StGB. darstellen. Diese beiden Voraussetzungen können gegeben sein, doch fehlt es an der dritten, nämlich der, daß der Gegenstand der Einziehung entweder ein durch ein vorsätzliches hervorgebrachter oder ein zur Begehung eines vorsätzlichen Vergehens oder Verbrechens gebrauchter oder bestimmter sein muß.[3] Das Reichsgericht stellt in der angeführten Entscheidung ferner fest, daß weder eine ausdrückliche Bestimmung im Vereinszollgesetz sich auffinden läßt, die das objektive Strafverfahren für eine Zolldefraudation gestattet, aber auch nicht

[1] RZBl. 1903 S. 172.

[2] Greiner, ZZollwRSt. Bd. 7 S. 89.

[3] RGSt. Bd. 21 S. 431f.

einmal eine Schlußfolgerung auf den Willen des Gesetzgebers, jenes Verfahren zu gestatten, gezogen werden kann. Wäre wenigstens letzteres möglich, so erkennt das Reichsgericht seine Verpflichtung an, das objektive Strafverfahren hier zulassen zu müssen.[1] Nach alledem ist aber die Meinung, § 157 VZG. enthalte eine strafrechtliche Norm, irrig, weil solchenfalls eine Ausübung des Verkaufsrechts überhaupt nicht möglich wäre. Ferner ist aber zu beachten, daß im Absatz 2 des § 157 diese gefundenen Gegenstände den in eine Niederlage verbrachten des § 104 gleichgestellt werden. Aus dieser Gleichstellung folgt aber weiterhin, daß dem Eigentümer der gefundenen und nach § 157 VZG. beschlagnahmten Gegenstände seine Ansprüche vorbehalten werden, eine Tatsache, die sich mit der Vermutung, die gefundenen Gegenstände seien durch eine strafbare Handlung in das Zollinland gelangt, nicht verträgt.[2] Endlich werfe man einen Blick auf den § 979 BGB. Nach diesem kann die Behörde oder die Verkehrsanstalt die an sie abgelieferte gefundene Sache öffentlich versteigern lassen. Ein Eigentumserwerb an der Fundsache ist für die betreffende Behörde oder Anstalt noch nicht entstanden, vielmehr tritt dieser als ein Ausfluß der Befugnis zur Okkupation herrenloser Sachen nach § 981 BGB. erst nach drei Jahren an dem Versteigerungserlös ein.[3] Das Verkaufsrecht ist hier also lediglich aus Zweckmäßigkeitsrücksichten gegeben, weil es unangängig ist, daß gefundene Sachen allzulange in den Räumen der Anstalten lagern. Es ist wohl kaum nötig, für das Verkaufsrecht der §§ 157 bez. 104 VZG. eine andere Begründung zu suchen. Nur besteht im § 157 VZG. eine Verpflichtung für die Zollbehörde, sich der Fundsachen zu bemächtigen, die aber daraus folgt, daß vermutet wird, die im Grenzbezirk gefundenen Gegenstände seien zollständig geworden. Infolgedessen ist an ihnen das staatliche Recht am Zollgut zur Geltung zu bringen.

IV. Nach der bisherigen Untersuchung sind die Einzelrechte, die aus dem Rechte des Staates am Zollgut folgen: 1. das Besitz-

[1] RGSt. Bd. 19 S. 46; RGRspr. Bd. 9 S. 69.

[2] Havenstein, Zollgesetzgebung. Anm. 8 zu § 134, S. 131.

[3] Plank, Bürgerliches Gesetzbuch Bd. 3. Anm. 1 zu § 981, S. 293f.; v. Staudinger, Bürgerliches Gesetzbuch Bd. 3. Anm. 1 zu § 981, S. 385.

recht, 2. das Beschlagnahmerecht, 3. das Einwirkungsrecht, 4. das Recht des § 93 VZG. Weitere Rechte, namentlich ein Verkaufsrecht, folgen aus ihm nicht. Es zeigt sich nun deutlich, daß es unmöglich ist, wie dies öfters geschehen ist, das Recht des Staates an der Zollware mit einem zivilrechtlichen Pfandrecht oder Zurückbehaltungsrecht vergleichen zu wollen. Einem Zurückbehaltungsrecht entspricht das staatliche Zollrecht nur insofern, als dieses wie jenes zum Behalten des Gegenstandes berechtigt. Sämtliche übrigen eigenartigen staatlichen Rechte können jedoch aus einem Zurückbehaltungsrecht niemals sich ergeben. Ebensowenig können sie aber aus einem Pfandrecht folgen, das sich um so weniger mit dem staatlichen Recht am Zollgut deckt, als es seinerseits dem Berechtigten ein Verkaufsrecht gibt, während ein solches, wie festgestellt ist, für den Zollfiskus nicht besteht. Ferner läßt sich aber auch aus den aus der Haftung der Zollware sich ergebenden Einzelbefugnissen nicht der geringste Schluß dafür ziehen, daß sie dazu diene, um ein persönlich wirkendes Zollrecht des Staates zu sichern, vielmehr wird auf ein solches bei der Regelung der Warenhaftung nicht die mindeste Rücksicht genommen. Die erwähnten Einzelrechte, die dem Recht des Staates am Zollgut seine Eigenart verleihen, gestalten dieses zu einem so geschlossenem Ganzen, daß es allein schon genügt, um den Zollzweck zu gewährleisten, ohne daß es noch eines persönlichen Anspruchs hierzu bedürfte. Wäre also nicht schon bewiesen worden, daß die zollrechtliche Haftung der Ware und die persönliche Verpflichtung zur Zollzahlung selbständig nebeneinander bestehen, so würde ein Beweis hierfür die Ausgestaltung dieser Haftung in der Art, wie sie dargelegt worden ist, sein.

Zweiter Abschnitt.

Die Entstehung des staatlichen Rechts am Zollgut.

§ 6.

Die Aufgabe.

I. Das Zollrecht des Staates bewegt sich in zwei Richtungen. Es wirkt sowohl gegen die Ware selbst, als auch gegen einen Zollschuldner. Den wichtigeren von diesen beiden Teilen des Zollrechts bildet die Haftung der Ware, weil der Staat nicht dulden darf, daß eine Ware vor Tilgung der Zollschuld seinem Zugriff entzogen werde und er dann nur noch auf die Beitreibung einer persönlichen Schuld angewiesen wäre, die möglicherweise, sei es durch den bösen Willen oder durch die Zahlungsunfähigkeit des Zollschuldners vereitelt werden kann. Es ist infolgedessen denkbar, daß eine persönliche Schuld später entsteht als die Haftung der Ware, jedoch nicht, daß das Umgekehrte der Fall ist. Da nun die persönliche Steuerpflicht für die Abwicklung des Zollgeschäfts in aller Regel überhaupt nicht in Frage kommt[1] und eine Verpflichtung des Staates, einen Zollschuldner zu suchen, überhaupt nicht besteht,[2] so ist zunächst nur von Wichtigkeit für den Staat, wann sein Recht am Zollgut zur Entstehung gelangt. Mit dessen Entstehung ist zugleich das Zollrecht des Staates entstanden, wenigstens unbedingt nach der einen Seite hin. Unter welchen Umständen und wann die persönliche Zollschuld zur Entstehung kommt, ist hier nicht zum Gegenstand der Erörterung zu machen. Ebensowenig gehört zum gestellten Thema, den Augenblick festzulegen, in dem die Zollschuld zahlbar wird. Einer besonderen Hervorhebung bedarf noch, daß die Entstehung des staatlichen Rechts am Zollgut und des Zollrechts nicht maßgebend ist für den Tarifsatz und die Vorschriften, nach denen der Zoll schließlich zu entrichten ist. Den für die Tarifierung maßgebenden Zeitpunkt

---

[1] Otto Mayer, Deutsches Verwaltungsrecht Bd. 1 S. 402.

[2] RGZ. Bd. 67 S. 217.

hat § 9 VZG. festgelegt. Es ist im allgemeinen der Tag der Gestellung der Waren zur Verzollung.

II. Um den Zeitpunkt der Entstehung des staatlichen Rechts am Zollgut festzustellen, geht man am besten von der von Otto Mayer[1] gegebenen Erklärung des Zollbegriffs aus, da diese an seinen Entstehungsvorgang anknüpft. Nach Otto Mayer ist der Zoll „eine Warenverkehrssteuer". „Das Zollrecht des Staates entsteht erst, wenn eine Ware über eine örtlich bestimmte Linie eine Bewegung gemacht hat." Es ist daher zunächst nötig, zu prüfen, welche Linie für die Entstehung des Rechts am Zollgut maßgebend ist und wie das Gesetz diese Linie gezogen hat. Das Vereinszollgesetz teilt nun solche Warenbewegungen in Einfuhr, Ausfuhr und Durchfuhr und macht zwischen diesen strenge Unterschiede (vergl. §§ 1, 3, 5, 6, 33, 134, 139 u. a. m. VZG.). Für die Ausfuhr soll nach § 5 VZG. Zollfreiheit die Regel bilden, Ausnahmen hiervon aber das Vereinszolltarifgesetz fixieren dürfen. Tatsächlich bestehen aber zurzeit kraft Reichsgesetzes keine solchen. Landesrechtlich dürfen aber auf Grund des Vereinszollvertrages vom 8. Juli 1867 Art. 4 Abs. 1[2] keine solchen aufgestellt werden. Es könnte jetzt also nur noch in den Fällen der Einfuhr und der Durchfuhr zur Entstehung eines staatlichen Zollrechts kommen. Es wird daher zum Gegenstand der Untersuchung gehören, wodurch sich beide scheiden, und ob, gegebenenfalls wann bei ihnen ein staatliches Recht am Zollgut zur Entstehung gelangt.

§ 7.

Zollinie, Grenzbezirk und Binnenlinie.

Das Vereinszollgesetz kennt zwei verschiedene Linien oder Grenzen, die dazu dienen, drei verschiedene Gebiete von verschiedener zollrechtlicher Bedeutung zu bilden. Die Linien heißen Zollinie und Binnenlinie, die Gebiete Zollausland, Zollinland und Grenzbezirk.

---

[1] Deutsches Verwaltungsrecht Bd. 1 S. 402.

[2] BGBl. S. 81.

I. Schon Art. 33 Abs. 1 S. 1 der Reichsverfassung[1] lautet: „Deutschland bildet ein Zoll- und Handelsgebiet, umgeben von einer gemeinschaftlichen Zollgrenze.“ Entsprechend hat § 16 Abs. 1 VZG. bestimmt, daß die Zollinie oder Zollgrenze das Vereinsausland von dem Vereinsinland scheidet. Ihr Verlauf stimmt grundsätzlich mit den Landesgrenzen überein. Hiervon lassen jedoch sowohl die Reichsverfassung wie das Vereinszollgesetz Ausnahmen zu und tatsächlich hat auch der ausgesprochene Grundsatz verschiedentliche Abänderungen erlitten.

1. Die erste Abweichung stellt das Vereinszollgesetz selbst in seinem § 16 Abs. 2 auf. Es bestimmt, daß dort, wo das Vereinsgebiet durch das Meer oder andere Gewässer, deren Stand von Flut und Ebbe abhängig ist, die jedesmalige den Wasserspiegel begrenzende Linie des Landes die Zollinie bildet, während nach den Gesetzen des Völkerrechts das Staatsgebiet das Meer noch auf Kanonenschußweite von der Küste entfernt umfaßt.[2]

2. Ferner geben Satz 2 Art. 33 RV. und Satz 2 § 16 VZG. die allgemeine Ermächtigung, „daß einzelne Teile eines Vereinsstaates, wo die Verhältnisse es erfordern, von der Zollinie ausgeschlossen bleiben können“. Das Zollgesetz macht zwar selbst keine solchen Gebietsteile namhaft, doch hat die Reichsverfassung bereits die ersten Zollausschlüsse vorgesehen.

a) So bleiben nach Art. 34 RV.[3] „die Hansastädte Bremen und Hamburg mit einem dem Zwecke entsprechenden Bezirke ihres oder des umliegenden Gebietes als Freihäfen außerhalb der gemeinschaftlichen Zollgrenze, bis sie ihren Einschluß in dieselbe beantragen. Diesen haben Bremen und Hamburg am 15. Oktober 1888 vollzogen. Nach diesem Einschluß bleiben aber als Zollausschlüsse noch bestehen:

α) Die Freihafengebiete der freien Stadt Hamburg in Hamburg und in Cuxhafen.[4]

---

[1] RGBl. 1871 S. 56ff.

[2] Havenstein, Zollgesetzgebung. Anm. 2 zu § 16, S. 22.

[3] Vergl. Zollvereinigungsvertrag vom 8. Juli 1867, Ziff. 1e (RGBl. S. 91).

[4] Reichsgesetz vom 16. Februar 1882 (RGBl. S. 39), ferner RZBl. 1888 S. 913f., 1892 S. 165, 1896 S. 630.

β) Die Freihafenanlagen von Bremen, Bremerhafen und Geestemünde mit den anliegenden Petroleumlagerplätzen.[1]

γ) Endlich hat durch einen Bundesratsbeschluß vom 13. Januar 1904 der am 7. Februar 1901 im Emdener Außenhafen errichtete Freibezirk[2] die Eigenschaft eines Zollausschlußgebietes im Sinne des § 16 Abs. 1 VZG. erhalten.[3]

Havenstein und Löbe führen noch die Insel Neuwerk bei Hamburg als außerhalb der Zollinie gelegen an.[4] Diese Ansicht ist jedoch wohl unrichtig.[5]

Durch besondere Gesetze sind ferner vom deutschen Zollgebiet ausgeschlossen:

b) Eine Reihe Badischer Gemeinden, und zwar der Ort Büsingen, der Bittenharter Hof, die Orte und Höfe Jesteten bei Flachshof, Gunzenrieder Hof und Reutehof, Lotstetten mit Balm, Dietenberg, Nack, Locherhof, Volkerbach, Dittighofen mit Häuserhof, Altenburg, Baltersweil, Berwangen und Albführenhof bei Weisweil.[6]

c) Die Insel Helgoland.[7]

Eine Veränderung von staatsrechtlicher Bedeutung erleiden die sogenannten Zollausschlüsse durch ihren Ausschluß vom Zollinland natürlich nicht. Sie gelten nur als Zollausland im Sinne des Vereinszollgesetzes. Die Zollinie wird entsprechend durch sie beschränkt.

3. Im Gegensatz zu diesen Zollausschlüssen bestehen auch Zollanschlüsse an das Reichsgebiet mit der Wirkung, daß die Zollinie entsprechend hinausgeschoben wird. Staatsrechtlich bleiben die angeschlossenen Gebiete nach wie vor Ausland. Das Vereins-

---

[1] RZBl. 1888 S. 914f., 949, 1890, S. 368, 1897 S. 29, 211.

[2] RZBl. 1901 S. 311.

[3] RZBl. 1904 S. 27.

[4] Havenstein, Zollgesetzgebung. Anm. 1 zu § 1 S. 5; Löbe, Deutsches Zollstrafrecht. 2. Auflage 1890, S. 29.

[5] Vergl. Behr, ArchÖffR. 1891 Bd. 16 S. 1ff.

[6] Zollvereinigungsverträge und Verhandlungen Bd. 2 S. 243; Zollvereinigungsvertrag vom 8. Juli 1867, a. 7 Ziff. 2 (RGBl. S. 92), RZBl. 1884 S. 155f.

[7] Reichsgesetz vom 15. Dezember 1890 (RGBl. S. 207).

zollgesetz erwähnt nichts von ihnen. Ihr Bestehen gründet sich auf Verträgen zwischen den beteiligten Staaten.

Angeschlossen an das deutsche Zollgebiet sind:

a) Luxemburg auf Grund des mit Preußen (zugleich namens der übrigen Vertragsstaaten) geschlossenen Vertrags vom 20./25. Oktober 1895,[1] in den das Reich eingetreten ist.

b) Die österreichischen Gemeinden Jungholz und Mittelberg auf Grund eines Österreichisch-Bayrischen Vertrags vom 3. Mai 1868[2] und eines deutsch-österreichischen Vertrags vom 2. Dezember 1890.[3] Diese beiden Gemeinden gelten zollrechtlich als zu Bayern gehörend.

4. Die völkerrechtliche Streitfrage, ob der Bodensee gemeinsames Eigentum der Uferstaaten ist, oder ob die Landesgrenze nach Maßgabe einer durch die Mitte gehenden Linie zu ziehen ist, ist für das Zollrecht praktisch um deswillen von geringer Bedeutung, weil auf dem Bodensee zollamtliche Revisionen der Reisenden und des Gepäcks bereits auf der Überfahrt vorgenommen werden, so zwischen Schweiz und Württemberg seit 1897, zwischen Österreich und Baden seit 1898, zwischen Schweiz und Bayern seit 1890.[4]

II. Der zunächst innerhalb der Zollinie belegene Raum wird durch eine zweite Linie, die sogenannte Binnenlinie von dem übrigen Vereinsgebiet getrennt und besonders hervorgehoben. Der Verlauf der Binnenlinie, namentlich deren Breite, wird nach den örtlichen Umständen bestimmt (§ 16 Abs. 2 VZG.). Der von ihr begrenzte Raum heißt der Grenzbezirk. Er ist ein Teil des Zollinlandes, obschon er durch das Vereinszollgesetz in einen gewissen Gegensatz zu dem „Inneren des Vereinsgebietes" (Abschnitte XV, XVI, XVIII VZG.) gestellt ist. Er ist geschaffen „im Interesse der Zollsicherheit und weil die Bewachung der Grenze allein durch Grenzaufsichtsbeamte zum Schutze gegen Zollvergehen

[1] Zollvereinigungsverträge und -verhandlungen Bd. 3 S. 364, Bd. 5 S. 417 ff.

[2] A. a. O., Bd. 5 S. 378 ff.

[3] RGBl. 1891 S. 59.

[4] Heidecker, Exponierte Zollstellen (Nachtrag). ZZollwRSt. 1908 Bd. 8 S. 82 ff.

nicht genügen würde."[1] Zu diesem Zwecke, nämlich zur Verbürgung der Zollsicherheit, sind in den §§ 119—124 VZG. für den Grenzbezirk besondere Kontrollen angeordnet worden. Ferner werden dem Staat innerhalb des Grenzbezirks weitergehende Rechte zugebilligt, als er im Vereinsinnern hat. So besteht nach § 136 VZG. zu seinem Gunsten die Rechtsvermutung,[2] daß eine Kontrebande oder Zolldefraudation vollbracht ist, wenn die in den Ziffern 5a—d und 7 des § 136 VZG. vorgeschriebenen Kontrollbestimmungen beim Transport verbotener oder zollpflichtiger Gegenstände im Grenzbezirk nicht beachtet worden sind. (Wegen Transportkontrollen vergl. §§ 119ff. VZG.) Ferner unterliegen zollpflichtige Gegenstände, die im Grenzbezirk gefunden werden, gemäß § 157 VZG. der Beschlagnahme durch die Zollbehörde, wenn kein Eigentümer derselben bekannt ist und nicht die Verzollung oder die Herkunft aus dem freien Verkehr des Zollinlandes nachgewiesen wird.

III. Aus den Bestimmungen der §§ 136 und 137 VZG. geht aber zugleich hervor, daß das Zollrecht des Staates mit seinem Recht am Zollgut im Grenzbezirk bereits entstanden und wirksam ist. Demgemäß kann die Binnenlinie für dessen Entstehung nicht mehr in Frage kommen. Für diesen Vorgang kann vielmehr ausschließlich die Zollinie von Bedeutung sein.

§ 8.

Die Warenbewegung (Einfuhr und Durchfuhr).

Damit ein Zollrecht des Staates mit dem Rechte am Zollgut zur Entstehung gelangt, ist weiterhin notwendige Voraussetzung, daß die Zollware in bestimmter Weise über die bestimmte Linie bewegt werde oder sich bewege. Diese Bewegung ist sogar derartig charakteristisch, daß der Zoll danach seinen Namen als „Warenverkehrssteuer" erhalten hat.

I. Eine Warenbewegung durch Naturkräfte oder durch die Ware selbst findet nur höchst selten statt, so z. B. wenn Gegenstände durch eine Überschwemmung über die Zollgrenze gelangen

---

[1] RGSt. Bd. 29 S. 100ff.

[2] RGSt. Bd. 26 S. 44; Bd. 28 S. 114; Bd. 35 S. 241.

oder wenn Vieh über diese entläuft. In weitaus den meisten Fällen wird ein Mensch tätig, der die Bewegung nach seinem Willen ausführt. Wer derjenige ist, dessen Wille die Ware in Bewegung setzt, ist für die Entstehung des staatlichen Rechts am Zollgut gleichgültig. Jedoch läßt das Vereinszollgesetz, wie bereits hervorgehoben, nicht bei jeder Art von Bewegungen ein Recht des Staates zur Entstehung gelangen. Es scheidet vielmehr zwischen Ausfuhr, Einfuhr und Durchfuhr. Von dieser Unterscheidung sagt nun zutreffend das Reichsgericht, „daß sie nicht lediglich in der Willensäußerung desjenigen gefunden werden kann, der die Bewegung vornimmt, sondern daß sie in äußeren Umständen bestehen muß. Nach dem Sinn und Zweck des Gesetzes allein kann es zu beurteilen sein, wenn solche Umstände als vorhanden erachtet werden dürfen."[1] Geht man von diesem Satze aus, der dem Schutzprinzip einzig und allein gerecht wird, so kommt man zu dem Schluß, daß eine menschliche Willenshandlung nicht notwendig ist, um die für die Entstehung der Zollpflicht entscheidende Bewegung auszuführen.[2] Von anderer Seite wird zwar bestritten, daß, falls ohne menschlichen Willen Gegenstände über die Grenze gelangen, ein staatliches Zollrecht entstehen könne, es sei denn in dem Falle des § 157 VZG.[3] Die Vertreter dieser Ansicht treten insgesamt zugleich dafür ein, daß die Zollpflicht ausschließlich „persönlichen" Charakter trage. Da nun die Verpflichtung einer Person niemals durch Zufall, sondern nur durch eine Willenshandlung herbeigeführt werden kann, so sind sie gezwungen bei einem zufälligen Wareneingang die Entstehung eines staatlichen Zollrechts nicht anzuerkennen. Auf den Zweck des Gesetzes wird hierbei allerdings keinerlei Rücksicht genommen.

II. Während im Falle der Ausfuhr eine Ware aus dem Vereinsinland nach dem Ausland gelangt, kommt in den Fällen der Einfuhr und der Durchfuhr je eine Ware aus dem Zollausland in das -Inland hinein. Die letzten beiden Fälle scheinen also zunächst einander gleich: die beginnende Durchfuhr ist nichts anderes als eine be-

---

[1] RGSt. Bd. 40 S. 209.

[2] Behr, ArchÖffR. Bd. 14 S. 181.

[3] Hoffmann, ZZollwRSt. Bd. 1 S. 73; Greiner, ZZollwRSt. Bd. 7 S. 87 Note 1; Zschucke, Zollschuld u. Warenhaftung S. 40.

ginnende Einfuhr.[1] Es kann sogar eine vollkommen gleiche Behandlung beider gerechtfertigt erscheinen. So sind sowohl eingeführte wie durchgeführte ausländische Güter in gleicher Weise haftungsfrei zu lassen, sobald ein Schutz der inländischen Rechtsgüterwelt vor einem gefährdendem Eindringen ausländischer Güter nicht notwendig ist. Andererseits muß, wenn inländischen Interessen auch von der Durchfuhr ein Schaden droht, diese der Einfuhr gleichgestellt werden und hier wie dort ein Recht des Staates an der Ware entstehen.[2] Eine derartige gleiche Behandlung von Einfuhr und Durchfuhr ist jedoch nur in Ausnahmefällen möglich. Da eine Gefährdung inländischer Güter bei einer Durchfuhr im allgemeinen nicht, bei einer Einfuhr sehr häufig in Frage kommt, wird sich grundsätzlich eine verschiedene rechtliche Behandlung von Einfuhr und Durchfuhr nötig machen. Die Wesensverschiedenheiten beider sind demnach festzustellen.

III. Gelangt eine Ware vom Ausland über die Zollgrenze, so sind zwei Möglichkeiten offen: Entweder verbleibt sie im Inland, oder sie gelangt durch dasselbe hindurch nach dem Zollausland. In diesem Falle wird sie „durchgeführt". Sie ist dann bestimmten Kontrollen unterworfen. Daß eine Durchfuhr aber wirklich stattgefunden hat, zeigt sich erst, wenn die Ware über die Zollgrenze in das Ausland gekommen ist. Solange sie sich noch im Vereinsgebiet befindet, kann sich immer noch ergeben, daß tatsächlich eine Einfuhr der Ware vorliegt. Eine solche findet stets dann statt, wenn eine Ware nicht nur in das von der Zollgrenze umschlossene Gebiet, sondern auch in den freien Verkehr des Zollinlandes gelangt.[3]

IV. Was unter „freiem Verkehr" zu verstehen ist, ist allerdings sehr bestritten. Die einen, so vor allen Hoffmann,[4] wollen hierunter die rechtliche Freiheit vom staatlichen dinglichen Recht am Zollgut, die anderen, so Behr,[5] die tatsächliche

---

[1] RGSt. 40 S. 209.

[2] Vergl. wie oben RGSt. 40 S. 209.

[3] Vergl. RGZ. Bd. 42 S. 209; Laband, Staatsrecht des Deutschen Reichs Bd. 4 S. 430.

[4] ZZollwRSt. Bd. 1 S. 73f.

[5] ArchÖffR. Bd. 14 S. 187.

Freiheit von Zollkontrollen verstanden wissen. HOFFMANN beruft sich darauf, daß § 7 VZG. die Freiheit des Verkehrs zu einem rechtlichen Zustande erhöbe. Dieser § 7 sagt nun weiter nichts, als „daß der Verkehr mit vereinsländischen, sowie mit zollfreien oder verzollten ausländischen Waren innerhalb des Vereinsgebietes, vorbehaltlich der Bestimmungen in den Abschnitten XV und XVI VZG., und soweit nicht durch Vertrag unter den Zollvereinsstaaten „Ausnahmen begründet sind, frei ist“. Dadurch ist zunächst nicht ausgeschlossen, daß nicht auch unverzollte, nicht zollfreie ausländische Waren sich in dem freien Verkehr des Inlands befinden können. Die Frage, ob der Zollpflicht genügt ist oder nicht, kommt hier gar nicht in Betracht. Selbst HOFFMANN gibt zu, daß in der Ablassung zum freien Verkehr keine Aufgabe des staatlichen dinglichen Rechts liegt.[1] Also kann freier Verkehr niemals Freiheit von diesem staatlichen dinglichen Recht sein. Vielmehr will der Vorbehalt, daß die Abschnitte XV und XVI VZG., die von den Kontrollen im Grenzbezirk und im Binnenlande handeln, voll in Geltung bleiben, sagen, daß, solange diese Kontrollen bestehen, der Verkehr nicht frei, sondern „gebunden“ ist. Die Freiheit des Verkehrs bedeutet daher nichts weiter als die Freiheit von Zollkontrollen.[2] Einer rechtlichen Begründung dieser Freiheit bedarf es nicht. Es genügt vielmehr die Tatsache, daß keine Kontrollen mehr bestehen, um das Verhältnis der Freiheit herbeizuführen. Nicht beirren darf hierbei, daß andererseits der gebundene Verkehr ein Rechtsverhältnis darstellt; denn während der freie Verkehr ein tatsächliches Verhältnis ist, kann ein Eintreten in diesen, den regelmäßigen Zustand im Rechtsstaate nur auf Grund einer gesetzlichen Ermächtigung geschehen.

V. Nach dem Bisherigen ergeben sich aber für die Begriffe Einfuhr, Ausfuhr und Durchfuhr folgende Definitionen:

1. Einfuhr ist jedes Gelangen einer Ware aus dem Zollausland in das Zollvereinsgebiet und in dessen freien Verkehr.

2. Durchfuhr ist im Gegensatz hierzu das Gelangen einer Ware aus dem Zollausland über die Zollinie in das Inland und aus

[1] ZZollwRSt. Bd. 1 S. 73.

[2] BEHR, ArchÖffR. Bd. 14 S. 187.

diesem wieder in das Ausland hinaus, ohne im Inland auch nur einen Augenblick in den freien Verkehr zu treten.

3. Eine Ausfuhr einer Ware liegt aber dann vor, wenn die Ware aus dem freien Verkehr des Inlands in den des Auslands übertritt.

§ 9.
Der Zeitpunkt der Entstehung des staatlichen Rechts am Zollgut.

I. Waren, für die ein Zoll festgesetzt ist, haften dem Staat für seinen Zollanspruch in der Regel von dem Augenblick an, in dem sie die Zollinie überschreiten,[1] und zwar stets dann, wenn sie behufs Einfuhr über die Zollinie gelangen. Es genügt zur sofortigen Entstehung des Rechts des Staates am Zollgut, daß das Überschreiten zwecks Einfuhr geschieht, welcher weiterer wirtschaftlicher Zweck damit verfolgt wird, kommt nicht in Betracht. Gleichgültig ist auch die Art der Grenzüberschreitung, nämlich ob die Ware von einer Person eingeführt wird, oder ob sie sich wie Strandgüter oder über die Grenze tretendes Vieh selbst einführt.

II. Welche Linie unter der „Zollinie" zu verstehen ist, ist bereits ausgeführt worden. Es macht sich jedoch nötig, hier noch besonders hervorzuheben, daß die Entstehungszeit des staatlichen Rechts am Zollgut nicht dadurch eine Veränderung erleidet, daß das Grenzzollamt, an dem der eigentliche Verzollungsvorgang in der Regel sich abspielt, nicht genau an der Zollinie liegt, sondern, wie dies aus praktischen Gründen sehr häufig der Fall ist, entweder von der Zollinie entfernt zurück im Zollinland, oder aber als sogenannte vorgeschobene (exponierte) Zollstelle im Ausland, da hierüber verschiedene Meinungen aufgetaucht sind.

1. Fast allgemein ist freilich anerkannt, daß die im Inland zurückliegenden Zollstellen keinen Einfluß auf die Entstehung ausüben können, dieser vielmehr einzig und allein der Zollinie

[1] Georg Meyer, Deutsches Verwaltungsrecht § 278; Havenstein, Zollgesetzgebung. Anm. 2 zu § 9, S. 15; Bulling, ArchStR. Bd. 41 S. 120; Greiner, ZZollwRSt. Bd. 7 S. 92; Behr, ArchÖffR. Bd. 14 S. 161; Stenglein, Kommentar. Anm. 13 zu § 19, S. 24 u. a. m., ferner RGSt. Bd. 19 S. 194.

zukommt. Dieser Möglichkeit hat auch das Vereinszollgesetz selbst gedacht und einige darauf bezügliche Vorschriften getroffen. So hat es im § 36 angeordnet, „daß der Weg von der Zollinie bis zum Grenzzollamt auf der Zollstraße ohne Abweichung und ohne willkürlichen Aufenthalt fortgesetzt werden muß", namentlich aber, „daß die Ladung eine Veränderung während dieser nicht erleiden darf" und hat im § 136 Ziff. 6 eigenmächtige Verfügungen in der Zwischenzeit unter Strafe gestellt. Hieraus geht hervor, daß das staatliche Recht am Zollgut bereits mit dem Überschreiten der Zollinie für entstanden gilt, da ein derartiges unbedingtes Festhalten der Ware in der Menge und in dem Zustand, wie sie über die Grenze gekommen ist, sich nur daraus erklären läßt, daß sie dem Staat für den Zoll bis zur Zahlung am Grenzzollamt bereits nach der Grenzüberschreitung verhaftet ist. Diese Ansicht hat auch der 4. Strafsenat des Reichsgerichts in einem Urteil vom 11. Juni 1899 bestätigt[1] und dahin entschieden, „daß das Inland bereits mit der Zollgrenze und nicht erst mit der Zollstätte beginnt". Er hat damit allerdings einer früheren Entscheidung des 1. Strafsenats vom 21. Oktober 1886[2] widersprochen, in der die unrichtige Ansicht vertreten worden war, „daß es auf die geographische Grenzlinie bei dem Umstande, daß die Amtsübung an bestimmte Örtlichkeiten gebunden werden müsse, überhaupt nicht ankomme". Eine solche Ansicht widerstreitet jedoch dem Gesetz, das die Zollinie zu dem Zweck geschaffen hat, um das Zollinland von dem Zollausland zu scheiden. In dem gesamten Zollinland hat das staatliche Zollrecht Geltung und der Staat kann nicht auch nur einen Augenblick lang sein Recht am Zollgut aufgeben, es sei denn, daß das Zollgesetz ausdrücklich eine solche Ausnahme vorschriebe. In diesem findet sich aber nichts, was einen Schluß rechtfertigen könnte, daß die Lage des Grenzzollamts auf die Entstehung der Warenhaftung Einfluß gewinnen könnte. Im Gegenteil widersprechen dem die bereits angeführten Gesetzesstellen. Die Ansicht des 1. Strafsenats des Reichsgerichts steht auch vereinzelt da. In der Literatur ist dem von der Zollinie landeinwärts gelegenen

[1] RGSt. Bd. 21 S. 59ff.

[2] RGSt. Bd. 15 S. 2ff.

Zollamt für die Entstehung des staatlichen Rechts am Zollgut keine selbständige Bedeutung beigemessen worden.[1]

2. Desto auffälliger ist, daß namentlich von der Theorie die vorgeschobenen Zollstellen in anderer Weise behandelt und sie als für die Entstehungszeit der Haftung des Zollguts maßgebend erklärt werden,[2] trotzdem ein innerer Grund hierfür keineswegs ersichtlich ist.

a) Von den vorgeschobenen Zollstellen schweigt das Vereinszollgesetz. Ihre Errichtung geschieht auf Grund von Staatsverträgen,[3] und es können für sie verschiedene Gründe maßgebend sein.[4] Entweder soll die Lästigkeit einer Abfertigung an der Grenze erspart werden durch eine Zollabfertigung am Absendungsort. Die zu diesem Zwecke meist an Handelszentren errichteten Zollstellen sind jedoch heute sämtlich wieder aufgehoben. Oder die Zollabfertigung soll erleichtert werden durch Vereinigung der Ausgangs- und Eingangsabfertigung an einer Stelle. Auch die hierzu errichteten vorgeschobenen Zollstellen sind nur noch in geringer Zahl erhalten geblieben. Heute sind vorgeschobene Zollstellen namentlich im Eisenbahnverkehr von großer Bedeutung, da durch sie das zweimalige Aus- und Einpacken, Auf- und Einladen vermieden und dadurch nicht unbedeutende Zeit gespart wird. Sie sind sämtlich auf Grund von Staatsverträgen mit den Nachbarstaaten errichtet worden. Ihre Zahl beträgt heute 39,[5] darunter befinden sich nur 10 Landstraßenämter.

b) Behr behauptet nun, daß die vorgeschobenen Zollstellen eine „fingierte Zollgrenze" bilden, „demnach müßten sämtliche Wirkungen der Zollpflicht bereits hier mit der Anmeldung der Waren beim Zollamt eintreten". Seine Ansicht findet auch einen Rückhalt in mehreren Entscheidungen des höchsten Gerichts, deren Begründung allerdings durchgängig recht dürftig gehalten

---

[1] Vergl. z. B. Behr, ArchÖffR. Bd. 14 S. 182.

[2] Behr, ArchÖffR. Bd. 14 S. 181; Heidecker, ZZollwRSt. Bd. 7 S. 248; Stenglein, Kommentar. Anm. 2c zu § 16, S. 37.

[3] Vergl. z. B. Art. 8 des Handels- und Zollvertrags zwischen dem Deutschen Reich und Österreich-Ungarn vom 6. Dezember 1891 (RGBl. 1892 S. 6).

[4] Vergl. hierüber Heidecker, ZZollwRSt. Bd. 7 S. 146f.

[5] Aufzählung s. bei Heidecker, ZZollwRSt. Bd. 7 S. 148.

ist.[1] Dagegen lehnt HEIDECKER den Gedanken, die exponierte Zollstelle beruhe auf einer Fiktion des Inlandes, ab. Er glaubt, daß es mit der Veränderlichkeit der Zollbelastung endgültig zu Ende sein muß, wenn die Ware bei der vorgeschobenen Zollstelle zur Abfertigung gestellt und speziell revidiert ist, und tritt so für die gleiche in der ZZollwRSt. Bd. 5 S. 1 und 8 ausgesprochenen Ansicht HAUSBRANDS ein.

c) Hiergegen ist nun zunächst einzuwenden, daß die Ausführungen HAUSBRANDS „zur Revision des Vereinszollgesetzes" größtenteils, wie gerade auch hier, nicht den Stand der heutigen Gesetzgebung wiederspiegeln, sondern de lege ferenda aufzufassen sind, daß ferner, wie die meisten Sätze HAUSBRANDS von ungemein praktischem Werte sein können, auch die Durchführung dieses Gedankens erstrebenswert erscheinen kann, er aber vorläufig noch nicht zum Gesetz erhoben ist. Zuzugeben ist, daß durch die vorhandene persönliche Verpflichtung, das einzuführende Gut bei der vorgeschobenen Zollstelle anzumelden und vorzuführen der Zeitpunkt der Zollerhebung entsprechend verschoben wird. Auch gewinnt das vorgeschobene Zollamt auf die Höhe des zu entrichtenden Zolls Einfluß, da nach § 9 Abs. 2 VZG. „der Zoll nach denjenigen Tarifsätzen und Vorschriften zu entrichten ist, die an dem Tage gültig sind, an dem die zum Eingange bestimmten Waren bei der kompetenten Zollstelle zur Verzollung usw. vorgeführt, angemeldet oder zur Abfertigung gestellt werden. Niemals aber kann sie die Zollinie verändern, wie sie § 16 VZG. in ihren Grundzügen festlegt. Wollte man dies annehmen, so wäre der weitere Schluß gerechtfertigt, an deren Stelle die Verbindungslinie sämtlicher deutscher Zollämter treten zu lassen, die dann die Zollinie praktisch bedeutungslos werden ließe. Keinenfalls könnte aber die vom Gesetz vorgezeichnete Zollinie auf Grund einer durch das Übereinkommen zweier Länder geschaffenen „staatsrechtlichen Fiktion" geändert werden, vielmehr müßte eine solche Änderung Anerkennung im Gesetz finden.

d) Auch das Reichsgericht hat dies schließlich anerkannt und ist von seiner ursprünglichen Rechtsprechung abgegangen, und

[1] RGSt. Bd. 13 S. 410; Bd. 18 S. 241; Bd. 19 S. 194.

zwar stammt aus jüngerer Zeit als die oben angeführten Entscheidungen des Reichsgerichts eine solche des 6. Zivilsenats vom 1. Dezember 1898,[1] die jenen widerspricht. In ihr wird bewiesen, daß die Lage der gesetzlich festgelegten Zollinie durch binnenwärts oder außerhalb derselben gelegene Zollstellen nicht verändert werden kann und daß deshalb für die Zollberechnung der Zustand des Gutes zur Zeit der Überschreitung der gesetzlichen Zollinie maßgebend ist. Als Begründung führt sie namentlich an die Schutzvorschriften der §§ 36ff. und 136 Ziff. 6 VZG. gegen willkürliche Veränderungen nach der Grenzüberschreitung, die zwar nur für den Fall geschaffen sind, daß die Zollstelle von der Grenze entfernt im Zollinland liegt, aber zeigen, daß der Zustand der Grenzüberschreitung in allen denkbaren Fällen entscheidend ist. Wenigstens läßt sich kein Beweis dagegen erbringen, daß dieser Grundsatz nicht auch, wenn vorgeschobene Zollstellen vorhanden sind, Anwendung zu finden habe. Da nun der Zustand des Gutes zur Zeit der Zollgrenzüberschreitung den Maßstab für die Zollentrichtung bildet, ein Recht des Staates am Zollgut aber nicht schon an einer Menge Waren, deren Zustand noch Veränderungen unterworfen ist, zur Entstehung gelangen kann, so kommt man auch auf diesem Wege zu dem Schluß, daß nur die Zollinie für die Entstehung der Warenhaftung wesentlich ist.

Nach alledem ergibt sich aber folgendes: In allen Fällen, in denen überhaupt sofort mit dem Gelangen in das Zollvereinsinland ein Recht des Staates am Zollgut zur Entstehung kommt, geschieht dies im Augenblick des Überschreitens der Zollinie. Das Erreichen einer vorgeschobenen Zollstelle vor, oder das der binnenwärts gelegenen Zollstelle nach Überschreiten der Zollinie, kann diesen Zeitpunkt nicht verschieben.

III. Nicht beirren an diesem Satze darf, daß unter Umständen der Termin für die Fälligkeit der Zollschuld kraft Gesetzes hinausgeschoben, der Zoll „gestundet“ sein kann. Zu bemerken ist allerdings, daß der Ausdruck „Stundung“, wie auch bereits anderwärts Bezeichnungen des Zivilrechts auf öffentlich-rechtliche Verhältnisse übertragen worden sind, hier ebenfalls für dem genannten

[1] RGZ. Bd. 42 S. 107ff.

zivilrechtlichen Vorgang ähnelnde öffentliche Rechtsverhältnisse Anwendung findet. Eine wirkliche Stundung kraft Gesetzes im Sinne des zivilen Rechts findet sich auf dem Gebiete des Zollrechts nur im § 12 Abs. 1 ZollTG.[1] Das im folgenden zu behandelnde Hinausschieben der Fälligkeit der Zollschuld geschieht lediglich, um wirtschaftlichen Interessen Rechnung zu tragen, und darf und kann nicht die Rechte des Staates am Zollgut beeinträchtigen. Die in Betracht kommenden Fälle lassen sich in zwei Klassen scheiden:

1 Die erste Klasse bilden diejenigen, in denen ein allgemeines Recht auf Benutzung der vom Gesetz angeordneten Einrichtungen anerkannt ist.[2] Ein solches besteht dann insbesondere, sobald beantragt worden ist, daß die Erhebung des Zolls bei einem „anderen dazu befugtem Amt" erfolgen solle. (Vergl. § 51 VZG. Es kann sich nur um ein Amt handeln, das binnenwärts von der in erster Linie zuständigen Zollstelle entfernt im Vereinsinland liegt.) Die äußeren Bedingungen zur Stundung werden dadurch gesetzt, daß die Ware auf Begleitschein II abgefertigt wird, dessen Inhalt § 51 VZG. bestimmt. Allerdings sind diese Begleitscheine II nicht lediglich dazu vom Gesetz geschaffen, um zu Stundungszwecken benützt zu werden, vielmehr hat das Begleitscheinregulativ vom 5. Juli 1888[3] im § 48, um Mißbrauch entgegenzutreten, einschränkende Bestimmungen erlassen. Doch ändern weder diese, noch die ebenfalls einschränkenden Vorschriften des Vereinszollgesetzes § 51, die die Möglichkeit gewähren, die gewünschte Abfertigung von einer Sicherheitsleistung abhängig zu machen, noch die Wertgrenze von 15 Mark, unter der Waren auf Begleitschein II nicht abgefertigt werden, etwas an dieser allgemeinen Berechtigung auf Stundung (vergl. auch § 21 BeglRegl.). Eine Überwachung der so abgefertigten Waren dient dazu, das bereits entstandene Recht des Staates an ihnen zu sichern.

---

[1] Zolltarifgesetz vom 25. Dezember 1902 (RGBl. S. 303ff.), in Kraft seit 1. März 1906 (RGBl. 1905 S. 155). Die allgemeinen Grundsätze über die Stundung gibt die Zollstundungsordnung vom 11. Januar 1906 (RZBl. 1906 S. 128).

[2] Otto Mayer, Deutsches Verwaltungsrecht Bd. 1 S. 410.

[3] RZBl. 1888 S. 510.

2. In der zweiten Gruppe besteht kein allgemeines Recht auf Gewähr von Stundung des Zolls, sondern diese wird hier nach freiem Ermessen und beliebig entziehbar erteilt.[1] Auch ist hier auf Grund gesetzlicher Ermächtigung Stundung im Einzelfall durch Verwaltungsakt möglich. Das Vereinszollgesetz gestattet derlei „Stundung“ bei Anschreibung auf fortlaufende Konten (§ 110 VZG. mit Kontenregulativ vom 15. Dezember 1887),[2] im Meß- und Marktverkehr (§ 112 VZG.), zur Erleichterung des Besuchs inländischer Ausstellungen und dergleichen (§ 114 VZG.) und im Veredlungsverkehr (§ 115 VZG. und Veredlungsordnung vom 5. April 1906).[3] Am interessantesten sind jedoch diejenigen Fälle, in denen zum Zwecke der Sicherung des entstandenen staatlichen Rechts am Zollgut die Waren, deren Zoll kreditiert worden ist, in Privatlager zu bringen sind, und zwar in sogenannte Privatkreditläger, in die im Gegensatz zu den Privattransit- und Privatteilungslägern, (solche nehmen hauptsächlich zur Durchfuhr bestimmte Waren auf), die zum Absatz im Zollgebiet bestimmten Waren niedergelegt werden (§ 108 VZG. mit § 1 PrivLagRegl. vom 21. Juni 1888).[4] Sollte das Recht des Staates am Zollgut noch nicht entstanden sein, bevor die Ware auf das Privatkreditlager angeschrieben wird, wie dies in den weiter unten zu behandelnden Fällen der Durchfuhr sein kann, so entsteht es spätestens mit der Anschreibung auf das Lager, da nach § 1 PrivLagRegl. in die Kreditläger nur Waren, die zum Absatz im Zollgebiet, also zur Einfuhr bestimmt, und nur „zur Sicherung des darauf ruhenden oder kreditierten“ Eingangszolls niederzulegen sind. Auch ist der Eintritt einer Kreditierung ohne zuvor entstandenes Zollrecht undenkbar. Ferner scheint ein weiterer Beweis dafür, daß das staatliche Zollrecht bereits mit der Anschreibung entstanden ist, zu sein, daß nach § 9 Abs. 2 Ziff. 1 VZG. der Zoll nach denjenigen Tarifsätzen zu entrichten ist, die an dem Tage gültig sind, an dem die Anschreibung erfolgt. Doch ist auffallend, daß bei dem auch in anderer Weise eigenartig gestalteten

[1] Otto Mayer, Deutsches Verwaltungsrecht Bd. 1 S. 411.

[2] RZBl. 1887 S. 585, 1906 S. 409.

[3] RZBl. 1906 S. 536.

[4] RZBl. 1888 S. 234.

Zollkredit für Weingroßhändler[1] der Tarif nach der Fälligkeit berechnet wird, eine Vorschrift, die eigentlich dem Gedanken der Stundung widerspricht. Jedoch geht aus dem § 11 des Weinlager-Regl. unzweifelhaft hervor, daß das Recht des Staates an dem Wein ebenfalls bereits mit dessen Anschreibung auf Kredit entsteht, da nach § 11 in denjenigen Weinmengen, die der Lagerinhaber als Gegenwert für den gewährten Kredit stets bei den Bestandsaufnahmen als vorhanden zusichert, nur der in dem freien Verkehr befindliche Wein des Kreditnehmers eingerechnet wird (§ 11 Abs. 2 Weinlager-Regl.). Daß aber, sobald ein zollpflichtiger Gegenstand in den freien Verkehr tritt, das Recht des Staates an ihm zur Entstehung gelangt, ist bereits oben dargelegt worden.

IV. Auch dort, wo eine Zollpflicht nur „bedingt" entstanden ist, besteht das Recht des Staates am Zollgut bereits mit der Überschreitung der Grenzlinie, und zwar gleichgültig, ob diese Zollpflicht auflösend oder aufschiebend bedingt entstanden ist. Dies ist selbstverständlich, wenn es sich um eine auflösend bedingte Zollpflicht handelt, während es bei einer aufschiebend bedingten Zollpflicht widersinnig erscheinen muß. Da ja aber die „aufschiebende Bedingung" des Zollrechts keine solche des bürgerlichen Rechts ist, ist es verständlich, daß eine sofortige Haftung der Ware auch hier bestehen kann. Von einer aufschiebend bedingten Zollpflicht spricht man in denjenigen Fällen, in denen nach dem Gesetz eine nachträgliche Rückvergütung des Zolls stattfinden kann. Diese ist jedoch selbständiger Akt der Staatsgewalt. Niemals kann eine Bedingung von demjenigen, mit dem er kontrahiert, gesetzt werden, die dann von jenem angenommen und berücksichtigt werden müßte. Der Vergleich mit einer öffentlich-rechtlichen Bedingung wird nur um deswillen gewählt, weil dadurch die einschlagenden Vorschriften übersichtlicher voneinander geschieden und leichter erklärt werden können.[2] Das Recht des Staates am Zollgut wird durch solche „Bedingungen" in keiner Weise beeinträchtigt.

In diesem obigen Sinn ist die Zollpflicht auflösend bedingt, sobald die Ware nach § 110 VZG. auf fortlaufende Konten ver-

---

[1] Weinlagerregulativ vom 8. Juni 1888 (RZBl. S. 253ff.).

[2] Otto Mayer, Deutsches Verwaltungsrecht Bd. 1 S. 414ff.

abfolgt werden,[1] ist sie aufschiebend bedingt in den Fällen der §§ 112 Abs. 2, 114 und 115 VZG. Falls hier die Bedingung erfüllt wird, d. h. die Wiederausfuhr nicht rechtzeitig erfolgt, wird der Zoll sofort fällig und ist nach dem Tarif der Einfuhrzeit zu entrichten. Das wichtigste von den angeführten Beispielen ist der Fall des § 115 VZG., der den aktiven (§ 115 Abs. 1) und den passiven (§ 115 Abs. 2) Veredlungsverkehr regelt.[2] Ergänzt ist er durch die Veredlungsordnung vom 5. April 1906,[3] die lediglich eine Ausführungsbestimmung zu § 115 ist, diesen also nicht etwa beseitigt hat. Auch durch sie ist kein Rechtsanspruch auf Zulassung zum Veredlungsverkehr gegeben worden, da ein solcher mit § 115 VZG. unvereinbar sein würde. Für die Entstehung des staatlichen Rechts am Zollgut ist namentlich die im § 9 der Veredlungsordnung enthaltene Bestimmung, daß, sofern nicht für einige Zweige des Veredlungsverkehrs etwas anderes bestimmt wird, als Einfuhr und Ausfuhr auch die Entnahme von Niederlagen und Konten und die Verbringung auf Niederlagen und Konten zu gelten hat, beachtenswert, da sie den Zeitpunkt festlegt, in dem spätestens das staatliche Recht entsteht.

§ 10.

Das Recht des Staates am Zollgut im Fall der Durchfuhr.

I. Bereits aus dem Bisherigen geht hervor, daß die Durchfuhr einer von der Einfuhr verschiedenen rechtlichen Behandlung bedarf und diese auch gefunden hat. Anders wie hier, entsteht dort keine Zollpflicht ohne weiteres dadurch, daß die zollpflichtige Ware die Grenze überschreitet. Andererseits ist ihr möglicherweise zukünftiges Vorhandensein bereits durch verschiedene gesetzliche Vorschriften vorbereitet und zu spüren, so daß man sehr wohl den Zustand, in dem sich die zur Durchfuhr bestimmte Ware nach dem Gelangen in das Vereinsinland befindet, als einen Schwebezustand

---

[1] Vergl. das Kontenregulativ vom 15. Dezember 1887 (RZBl. S. 585).
[2] Vergl. ZIMMERMANN, ZZollwRSt. Bd. 7 S. 113ff., 152ff.
[3] RZBl. 1906 S. 536ff.

bezeichnen kann.[1] Entsprechendes hat von dem Recht des Staates am Zollgut zu gelten: Es besteht noch nicht, es schwebt jedoch bereits über der Sache.

II. Das staatliche Recht am Zollgut ist noch nicht entstanden, weil die Voraussetzungen, die das Entstehen einer Zollpflicht rechtfertigen, noch nicht sämtlich gegeben sind. Zwar befindet sich die durchzuführende Ware bereits im Zollinland, doch fehlt zur Begründung der Zollpflicht mit der Warenhaftung noch der Übertritt in den freien Verkehr. Sofort, nachdem die Ware über die Zollinie gekommen ist, werden Maßregeln getroffen, die verhüten sollen, daß eine Ware ohne Wissen der Zollbehörde in den freien Verkehr tritt. Solange die Überwachung der Ware durchgeführt wird, bedarf es keiner besonderen Warenhaftung zur Sicherung der Zollschuld. Deren Entstehen bleibt während dieser Zeit gehemmt.

1. Die formellen Bedingungen, die erfüllt sein müssen, um den Eintritt der Warenhaftung zu verhindern, bestehen hauptsächlich darin, daß die Identität der Ware so festgehalten wird, daß sie in jedem Augenblick wieder nachgewiesen werden kann. Das Gesetz hat zu diesem Zweck verschiedene Einrichtungen geschaffen, so:

a) Die Abfertigung der Ware auf Begleitschein I (§ 33 VZG.);

b) die Aufbewahrung der Waren in öffentlichen Niederlagen (§ 97 VZG.) oder Privattransit- oder Privatteilungslägern (§ 108 VZG. mit dem Privatlager-Regulativ von 1888), soweit diese unter amtlichem Mitverschluß stehen. Ein Unterschied zwischen Privattransit- und Privatteilungslägern besteht in dieser Funktion, wie auch im übrigen nicht. Das sie Unterscheidende ist eigentlich nur ihr Name.[2]

2. Begleitscheinverkehr und öffentliche Niederlagen sind allgemeine Verkehrseinrichtungen. Auf sie hat jeder um ihre Benutzung Nachsuchenden Anrecht. Privatläger sind dagegen Zollvergünstigungen, die nach dem Ermessen der Verwaltungsbehörde gewährt oder versagt werden (vergl. § 108: „können").

---

[1] Otto Mayer, Deutsches Verwaltungsrecht Bd. 2 S. 407; a. M.: Christian Behr, ArchÖffR. Bd. 14 S. 194.

[2] Havenstein, Zollgesetzgebung. Anm. 2 zu § 108, S. 90.

III. Ist demnach für die Dauer des so gebundenen Verkehrs eine Warenhaftung, da es noch an dem Bestehen eines Zollrechts fehlt, noch nicht eingetreten, so ist sie doch bereits in der Schwebe. Dieser Schwebezustand, in dem sich die zur Durchfuhr über die Zollgrenze gebrachte Ware befindet, bedarf einer Lösung.

1. Die einfachste ist die, daß die Ware wieder ausgeführt wird. Das noch nicht vollkommen zur Entstehung gelangte Recht des Staates am Zollgut verschwindet dann spurlos. Die Wiederausfuhr muß allerdings eine vollständige sein. Die Ware „darf nichts von ihrem volkswirtschaftlichen Wert im Inland zurücklassen, sondern muß in dem Zustand in das Ausland zurückkehren, in dem sie einging".[1] Ein äußeres Merkmal hierfür gibt, wie HAUSBRAND anführt, die Abnutzung. Jedoch genügt nicht ohne weiteres die bloße Tatsache der Wiederausfuhr, um den Schwebezustand zu beseitigen, vielmehr muß der Wiederausgang kontrolliert werden können. Andernfalls kann die Zollbehörde den Nachweis der Ausfuhr unter der Vermutung verlangen, daß die Ware unterdessen in den freien Verkehr des Inlands getreten ist (§ 56 Abs. 2 VZG.).[2]

2. Eine andere Lösung ist die, daß die zur Durchfuhr bestimmte Ware noch nachträglich eingeführt wird. Mit der vollendeten Einfuhr entsteht dann auch im vollen Umfange das staatliche Recht am Zollgut. Der Zeitpunkt der Entstehung dieses Rechts läßt sich jedoch nur dann genau bestimmen, wenn die Ware in einer Niederlage sich befunden hat, die zur Aufbewahrung der zur Durchfuhr bestimmten Waren errichtet ist. „Solchenfalls steht die Verbringung der Ware aus der Niederlage in den Inlandsverkehr der Einfuhr über die Zollgrenze gleich.[3] Die Ware haftet also dem Staat vom Augenblick dieses Verbringens ab. Nicht so sicher läßt sich dieser Zeitpunkt dann feststellen, wenn eine mitten in der Bewegung der Durchfuhr befindliche Sache plötzlich in den Inlandsverkehr eingeführt wird, da das für den Regelfall der Einfuhr eine genaue Zeitbestimmung ermöglichende Moment

---

[1] HAUSBRAND, ZZollwRSt. Bd. 7 S. 233. Dazu vergl. § 6 ZollTG. mit seiner Unterscheidung zwischen „gebrauchten" und „neuen" Sachen.

[2] BEHR, ArchÖffR. Bd. 14 S. 193.

[3] LABAND, Staatsrecht des Deutschen Reichs Bd. 4 S. 431.

der Grenzüberschreitung hier bereits längere Zeit zurückliegt. Das Überschreiten der Zollinie hat jedoch bereits die Wirkung gehabt, daß der erwähnte Schwebezustand zur Entstehung gelangt ist. Infolgedessen braucht nur noch die zweite Voraussetzung für den Eintritt der Warenhaftung erfüllt zu werden, die darin besteht, daß die Zollkontrollen aus irgend einem Grunde hinfällig werden. Der Verkehr mit der Ware ist dadurch frei geworden. Von demselben Augenblick an besteht aber das Recht des Staates am Zollgut.

IV. Zum Schluß bedarf noch eine eigenartige Bestimmung der Erwähnung, die sich aus dem Zolltarifgesetz ergibt. Nach § 16 Ziff. 8 Abs. 1—3 bleiben vom Zolle befreit Fahrzeuge aller Art, Pferde und andere Tiere, die zur Beförderung oder zum Gebrauch von Reisenden dienen. Verbleiben diese Fahrzeuge und Tiere jedoch dauernd im Inland, so tritt die Zollpflicht ein, also stets dann, wenn sich herausstellt, daß die Gegenstände nicht Beförderungsmittel, sondern selbst der beförderte Gegenstand gewesen sind.[1] Für solche Fälle einen einheitlichen Zeitpunkt festzustellen, in dem das Zollrecht des Staates und sein Recht am Zollgut zur Entstehung kommt, ist nicht möglich. Vielmehr muß, wie der Zeitpunkt ein sehr verschiedener sein kann, in dem sich herausstellt, daß das vermutliche Beförderungsmittel tatsächlich kein solches gewesen ist, die Entstehung des Rechts an dem beförderten Zollgut zu entsprechend verschiedenen Zeiten erfolgen, die sich nur im Einzelfall bestimmen lassen und auch dann nur schwer zu ermitteln sind.

[1] RGSt. Bd. 21 S. 177.

Literatur.

v. AMIRA, Nordgermanisches Obligationenrecht. I. Band. Leipzig 1882. II. Band. Leipzig 1895.

Archiv für öffentliches Recht, herausgegeben von LABAND, MAYER und STOERK, jetzt von JELLINEK, LABAND, MAYER und PILOTY. Tübingen 1885ff. (abgekürzt: ArchÖffR.).

BEHR, Zollpflicht und freier Verkehr. Im Archiv für öffentliches Recht, Band 14, S. 176—198.

BEHR, Zollausschlüsse und freie Niederlagen. Ebenda, Band 16 S. 1ff.

BEHR, Zollstreitsachen. Ebenda, Band 6 S. 1—6, 41—43.

BRUNNER, Deutsche Rechtsgeschichte. In BINDING, Handbuch der deutschen Rechtswissenschaft 1892.

BULLING, Der Begriff des Zolles. Im Archiv für Strafrecht, begründet durch GOLDTAMMER, fortgesetzt von MEVES, DALKE und MUGDAN. Berlin 1902ff., Band 41, S. 120—124.

CONRAD, Grundriß der politischen Ökonomie. 5. Auflage. Jena 1908.

EICHHORN, Deutsche Staats- und Rechtsgeschichte. 4. Ausgabe. Göttingen 1834.

Entscheidungen des Reichsgerichts in Zivil- und Strafsachen.

GREINER, Die Zollpflicht. Zeitschrift für Zollwesen, Band 2, S. 235—237.

GREINER, Nochmals die Zollpflicht. Ebenda, Band 7, S. 86—93.

HAUSBRAND, Zur Revision des Vereinszollgesetzes. Ebenda, Band 2 S. 65ff., 211ff.; Band 5 S. 4ff., 65ff., 214ff.; Band 7 S. 185ff., 233ff.

HAUSBRAND, Zur Systematik des Zollverwaltungsrechts. Ebenda, Band 3 S. 1—11, 33—48.

HAVENSTEIN, Die Zollgesetzgebung des Reichs. 2. Auflage. Berlin 1906 (abgekürzt: ZollGG.).

HEIDECKER, Exponierte Zollstellen. Zeitschrift für Zollwesen. Band 7 S. 146ff., 197ff., 242ff. Nachtrag. Ebenda, Band 8 S. 82ff.

v. HECKEL, Artikel „Zölle, Zollwesen" im Handwörterbuch für Staatswissenschaften, herausgegeben von CONRAD, ELSTER, LEXIS und LÖNING. 2. Auflage. Jena 1901. Band 7 S. 965—988.

HOFFMANN, Deutsches Zollrecht. 1. Band. Leipzig 1902.

HOFFMANN, Die Haftung des Zollguts. Zeitschrift für Zollwesen. Band 1 S. 67—76.

KNIEP, Societas Publicanorum. Jena 1896.

KUNKEL, Dingliche und persönliche Zollpflicht. Zeitschrift für Zollwesen, Band 2 S. 33—39.

LABAND, Das Staatsrecht des Deutschen Reiches. 4. Auflage. Tübingen und Leipzig 1901.

LAMP, Die Person des Zollschuldners in der Zollrechtsgeschichte. Tübingen 1908.

LEXIS, Artikel „Schutzsystem" im Handwörterbuch für Staatswissenschaften, herausgegeben von CONRAD usw. 3. Auflage. Jena 1911. 7. Band S. 364—383.

LÖBE, Das deutsche Zollstrafrecht. 3. Auflage. Leipzig 1901.

MAYER, OTTO, Deutsches Verwaltungsrecht. Leipzig 1895, 1896. (In BINDING, Handbuch der deutschen Rechtswissenschaft Band 6, 1 und 2.)

MAYER OTTO, Eisenbahn- und Wegerecht. Im Archiv für öffentliches Recht. Band 16 S. 38—87, 203—243.

MAYER, OTTO, Der gegenwärtige Stand der Frage des öffentlichen Eigentums. Archiv für öffentliches Recht. Band 21 S. 499—522.

v. MAYR, Artikel „Zollabgaben" in von STENGELS Wörterbuch des deutschen Verwaltungsrechts. Freiburg i. B. 1890. Band 2 S. 937—955.

MEYER, GEORG, Lehrbuch des deutschen Verwaltungsrechts. 2. Auflage. Leipzig 1894.

MEYER, GEORG, Lehrbuch des deutschen Staatsrechts. 6. Auflage, bearbeitet von ANSCHÜTZ. Leipzig 1905.

MOMMSEN, Römisches Staatsrecht. 2. Auflage. Leipzig 1877.

MOTHES, Die Beschlagnahme nach Wesen, Arten und Wirkung. (Diss.) Leipzig 1903.

PLANCK, Bürgerliches Gesetzbuch. Berlin 1906.

ROSCHER, System der Finanzwissenschaft. 5. Auflage. Leipzig 1901.

ROSTOWZEW, Geschichte der Staatspacht. In PHILOLOGUS, Zeitschrift für das klassische Altertum. Suppl. Band 9. 1904. S. 390ff.

Sachsenspiegel. Ausgabe von Dr. HOMEYER. Berlin 1822.

SCHEIBE, Der Zollschuldner in der Zollrechtsgeschichte und im geltenden deutschen Zollrecht. (Diss.) Borna-Leipzig 1911.

SCHMOLLER, Volkswirtschaftslehre. 1904.

SCHRÖDER, Deutsche Rechtsgeschichte. 5. Auflage. Leipzig 1907.

v. STAUDINGER, Bürgerliches Gesetzbuch. München 1907.

STENGLEIN, Kommentar zu den strafrechtlichen Nebengesetzen des Deutschen Reiches. 4. Auflage. Berlin 1911. Siebente Lieferung (2. Band, Lieferung 1). (Abgekürzt: StNebG.).

Stenographische Berichte über die Verhandlungen des durch Allerhöchste Verordnung vom 23. Mai 1869 einberufenen Zollparlaments nebst sämtlichen Drucksachen (Nr. 1—39). Berlin 1869 (MOESER).

STOBBE, Deutsches Privatrecht. 3. Auflage. 1897.

v. SYBEL, Die Begründung des Deutschen Reichs. Volksausgabe 1901.

WAGNER, Finanzwissenschaft. Leipzig und Heidelberg 1880.

Zeitschrift für Zollwesen und Reichssteuern, herausgegeben bis einschließlich Band 4 von KUNKEL, dann von HAUSBRAND, jetzt von TRAUTVETTER. Berlin 1901 ff. (abgekürzt: ZZollwRSt.).

ZIMMERMANN, Die Veredlungsordnung vom 5. April 1906. Zeitschrift für Zollwesen, Band 7 S. 113 ff., 152 ff.

ZSCHUCKE, Zollschuld und Warenhaftung (Diss.). Leipzig 1909.

Für die Anführungen sind zugrunde gelegt worden: Die Vorschläge des Deutschen Juristentags für die Art der Anführung von Rechtsquellen, Entscheidungen und wissenschaftlichen Werken. Beschlossen von dem 27. Deutschen Juristentag am 13. September 1904. Berlin 1905.

Metzger & Wittig in Leipzig.

FSC
www.fsc.org
MIX
Papier | Fördert gute Waldnutzung
FSC® C083411

Kolibri 360 GmbH
Ferdinand-Jühlke-Straße 7
99095 Erfurt, Deutschland
produktsicherheit@kolibri360.de